A Einstiege: Ich – Wort – Ding

POLONIUS: What do you read, my Lord?
HAMLET: Words, words, words …

William Shakespeare, Hamlet II,2

Seit Menschengedenken steht die Frage nach den Zusammenhängen zwischen Welt und Weltwahrnehmung oder -vermittlung im Mittelpunkt philosophischer und künstlerischer Überlegungen. Im Teil A dieses Bandes sind Texte, Bilder und kleine sprachphilosophische Übungen zusammengestellt, deren Bearbeitung ein Verständnis für die Sprachkrise weckt, die die Menschen um den Wechsel vom 19. zum 20. Jahrhundert empfunden haben.

1 Papa fliegt!

Die Überlegung, dass es real existierende Dinge außerhalb unserer Sprache und außerhalb unseres Denkens gibt, scheint auf den ersten Blick banal und künstlich, genauso wie die Überlegung, dass es für all diese Dinge Worte gibt, mit deren Hilfe wir problemlos über sie nachdenken und uns über sie verständigen können.

Jostein Gaarder

Ein großes Rätsel (1993)

In seinem bekannten Buch „Sofies Welt" veranlasst der Autor Jostein Gaarder seine junge Leserin zu einem gedanklichen Experiment:

Eines Morgens sitzen Mama, Papa und der kleine Thomas, der vielleicht zwei oder drei ist, in der Küche beim Frühstück. Plötzlich steht Mama auf und dreht sich zum Spülbecken um, und dann – ja, dann schwebt Papa plötzlich unter der Decke.

Was glaubst du, sagt Thomas dazu? Vielleicht zeigt er auf seinen Papa und sagt: „Papa fliegt!"

Sicher wäre Thomas erstaunt, aber das ist er ja sowieso. Papa macht so viele seltsame Dinge, dass ein kleiner Flug über den Frühstückstisch in seinen Augen keine große Rolle mehr spielt. Jeden Tag rasiert er sich mit einer witzigen Maschine, manchmal klettert er aufs Dach und dreht an der Fernsehantenne herum – oder er steckt den Kopf in den Automotor und kommt rabenschwarz wieder zum Vorschein.

Und dann kommt Mama an die Reihe. Sie hat gehört, was Thomas gesagt hat, und dreht sich resolut um. Wie, glaubst du, wird sie auf den Anblick des frei schwebenden Papas über dem Küchentisch reagieren?

Ihr fällt sofort das Marmeladenglas aus der Hand und sie heult vor Entsetzen auf. Vielleicht muss sie zum Arzt, nachdem Papa wieder auf seinem Stuhl sitzt. (Er hätte schon längst bessere Tischmanieren lernen sollen.)

Warum reagieren Thomas und Mama so unterschiedlich, was meinst du?

Es ist eine Frage der *Gewöhnung*. (Notier dir das!) Mama hat gelernt, dass Menschen nicht fliegen können. Thomas nicht. Er ist noch immer unsicher, was auf dieser Welt möglich ist und was nicht.

Aber was ist mit der Welt selber, Sofie? Meinst du, *die* ist möglich?

Auch *sie* schwebt doch frei im Raum.

Das Traurige ist, dass wir uns im Heranwachsen nicht nur an die Gesetze der Schwerkraft gewöhnen. Wir gewöhnen uns gleichzeitig an die Welt selber.

Anscheinend verlieren wir im Laufe unserer Kindheit die Fähigkeit, uns über die Welt zu wundern. Aber dadurch verlieren wir etwas Wesentliches – etwas, das die Philosophen wieder zum Leben erwecken wollen. Denn irgendwo in uns sagt uns etwas, dass das Leben ein großes Rätsel ist. Das haben wir erlebt, lange bevor wir gelernt haben, es zu denken.

Papa fliegt.

Der Vogel fliegt.

Meine Gedanken fliegen zu dir.

Morgen fliege ich nach New York.

Ich bin gleich bei dir; ich fliege.

Benjamin Lee Whorf

Sprachliche Strukturgesetze beherrschen das Denken (1956)

Überlegen wir einmal, wie die Welt einem Menschen erscheint, der zwar in Dingen des alltäglichen Lebens sehr erfahren und weise sein mag, der aber nie etwas von dem gehört hat, was die Naturwissenschaften über den Kosmos entdeckten. Für ihn ist die Erde flach; Sonne und Mond sind relativ kleine leuchtende Objekte, die täglich über einen östlichen Rand heraufkommen, hoch durch die Luft wandern, unter einen westlichen Rand versinken und offenbar die Nacht irgendwo unter der Erde verbringen. Der Himmel ist eine umgestülpte Schale aus irgendeinem blauen Material. Die Sterne sind winzige und ziemlich nahe Objekte. Sie sind vielleicht lebendig, denn sie ‚kommen' abends aus dem Himmel ‚heraus' wie Kaninchen oder Klapperschlangen aus ihren Erdhöhlen, und wenn der Morgen dämmert, schlüpfen sie zurück. ‚Sonnen-System' hat keine Bedeutung für ihn. Der Begriff eines ‚Gravitationsgesetzes' ist für ihn unverständlich, ja unsinnig. Für ihn fallen die Körper nicht aufgrund eines Gravitationsgesetzes, sondern nur, weil nichts da ist, was sie hochhält' – das heißt, weil er sich nicht vorstellen kann, sie könnten irgendetwas anderes tun. Raum ohne ein ‚Oben' und ‚Unten' oder selbst ohne ‚Osten' und ‚Westen' kann er sich nicht denken. Für ihn zirkuliert das Blut nicht. Auch pumpt das Herz nicht Blut, sondern es ist ein Ort, an dem Liebe, Güte und Gedanken weilen. Abkühlung ist nicht ein Abfluss von Wärme, sondern eine Zunahme von ‚Kälte'. Blätter sind nicht deshalb grün, weil sie die chemische Substanz Chlorophyll, sondern weil sie ‚Grünheit' enthalten. Es dürfte wohl unmöglich sein, ihm diese Überzeugungen mit Gründen auszureden. Er wird sie als Ergebnisse des klaren, nüchternen, gesunden Menschenverstandes behaupten. Das heißt, er ist mit ihnen zufrieden, weil sie für ein *Verständigungssystem* zwischen ihm und seinen Mitmenschen völlig ausreichen. Sie sind als *sprachliche* Ausdrücke seinen sozialen Bedürfnissen angepasst, und das wird so bleiben, bis eine neue Gruppe von Bedürfnissen gefühlt und in der Sprache geformt wird.

ARBEITSANREGUNGEN

1. a) Lesen Sie die im Kasten oben zusammengestellten Sätze. Stellen Sie kurz dar, welcher Bezug zwischen der real existierenden Wirklichkeit und ihrer sprachlichen Formulierung jeweils hergestellt wird.
   b) Ersetzen Sie das Wort „fliegen" durch ein anderes Wort oder eine Umschreibung.
2. Jostein Gaarder skizziert in seinem Text (Seite 3) ein Gedankenexperiment, das die Wahrnehmung von Wirklichkeit thematisiert.
   a) Überlegen Sie, warum die Mutter auf den Satz „Papa fliegt" anders reagiert als auf die Tatsache, dass „Papa fliegt".

b) Erläutern Sie die unterschiedlichen Reaktionen von Thomas und seiner Mutter auf die Tatsache, dass „Papa fliegt".

c) Arbeiten Sie heraus, wie in dem Text der Zusammenhang zwischen **Erkenntnisobjekt** (der fliegende Vater), **Erkenntnissubjekten** (Mutter, Thomas) und der **Sprache** gesehen wird.

3. a) Zeichnen Sie ein Schaubild, das den Zusammenhang zwischen Sprache, Denken und Wirklichkeit abbildet. Berücksichtigen Sie die Positionen von Erkenntnissubjekt und Erkenntnisobjekt in Ihrem Schaubild.

b) Hängen Sie, z. B. auf einer Wandzeitung, alle Schaubilder aus, die im Kurs angefertigt werden. Diskutieren Sie dann im Kurs die verschiedenen Möglichkeiten, die sich in den Darstellungen zeigen.

c) Formulieren Sie die verschiedenen Möglichkeiten des Zusammenhangs zwischen Sprache, Denken und Wirklichkeit thesenhaft. Problematisieren Sie diese Thesen.

4. Benjamin Lee Whorf skizziert in seinem Text (Seite 4) einige Modellvorstellungen über den Zusammenhang zwischen Sprache, Denken und Wirklichkeit. Welche dieser Vorstellungen vertritt er selbst?

2 Was ist ein Apfel?

Die Differenz zwischen Bild und Abbild, zwischen Objekt und Begriff beschäftigt bildende Künstler und Literaten gleichermaßen. Auf Seite 5–6 finden Sie Anregungen, über Arten und Ursachen von Differenzen in dem Komplex „Gegenstand – Bild – Begriff" nachzudenken.

Der Apfel fällt nicht weit vom Stamm.

Reichsapfel

die Äpfel der Hesperiden

Verwenden Sie Apple oder Windows?

Rossapfel

Apfelschimmel

Apfelsine

Apfeltasche

der Apfel des Paris

Big Apple

You are the apple of my eye.

Erdäpfel

Granatapfel

Den verfaulten Apfel in seinem Rücken und die entzündete Umgebung, die ganz von weichem Staub bedeckt war, spürte er schon kaum.
Franz Kafka

Steht ein Baum im schönen Garten
Und ein Apfel hängt daran,
Und es ringelt sich am Aste
Eine Schlange und ich kann
Von den süßen Schlangenaugen
Nimmer wenden meinen Blick,
Und es zischelt so verheißend
Und das lockt wie holdes Glück.
Heinrich Heine

Es sinkt der Tag, es sinkt das Jahr, es sinkt der Mann,
Dicht drängen sich die festen
Äpfel auf muskelkrummen Ästen.
Franz Werfel

Früchte bringet das Leben dem Mann; doch hangen sie selten
Rot und lustig am Zweig, wie uns ein Apfel begrüßt.
Johann Wolfgang Goethe

Rötlich weiß blühendes Kernobstgewächs der Familie der Rosacene mit fleischigen, rundlichen Früchten
Wahrig: Deutsches Wörterbuch

René Magritte, 1964

Allhier

Schaue mit Begier /
Schmecke meine Süßigkeit /
Rieche meine L i e b e weit/
Meine Krafft ist Himmlisch Leben/
Kan dir Safft ins Hertze geben/
Tausend Freude gibt der Ker=zen
Dieses Apffels deines Her=zen
Stärcket dich in Ewigkeit
Hütet dich für noth u. leid.
Nim dis allerbeste/
Halt mich feste.

Theodor Kornfeld (1636–1698)

Das genaueste Bild eines ganzen Apfelbaumes hat in gewissem Sinne unendlich viel weniger Ähnlichkeit mit ihm, als das kleinste Maßliebchen mit dem Baum hat.

Ludwig Wittgenstein, 1931

Reinhold Döhl (geb. 1934)

ARBEITSANREGUNGEN

1. Notieren Sie assoziativ in Form eines Clusters Vorstellungen und Gedanken, die Ihnen zu dem Wort *Apfel* durch den Kopf gehen:

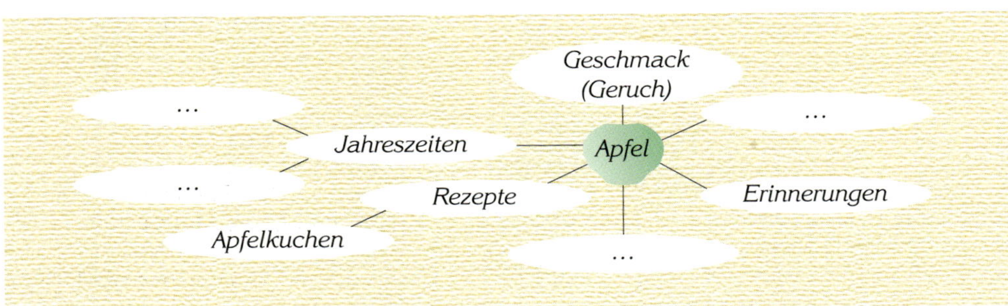

2. Auf Seite 5 sind Wörter, Sätze und Gedichte zusammengestellt, die in irgendeiner Weise etwas mit dem Wort „Apfel" zu tun haben.
   a) Finden Sie heraus, was hier jeweils mit „Apfel" gemeint ist.
   b) Notieren Sie kurz, welche Differenz im Komplex „Gegenstand – Bild – Begriff" jeweils auftritt.
3. a) Informieren Sie sich über den Maler René Magritte und den Sprachphilosophen Ludwig Wittgenstein. Sie können innerhalb des Kurses Gruppen bilden, die jeweils Referate erarbeiten und der anderen Gruppe berichten.
   b) Vergleichen Sie Ihre Assoziationswörter aus dem Cluster (Aufgabe 1) mit dem Bild von René Magritte.
   c) Notieren Sie, auf welche Differenzen zwischen dem Gegenstand, seinem Bild und seinem Begriff durch Magrittes Bild hingewiesen werden soll.
   d) Diskutieren Sie über Ihr Ergebnis, indem Sie die These Ludwig Wittgensteins (Seite 6) einbeziehen.
4. „Piktogramme" oder „Figurengedichte" sind Texte, deren äußeres Erscheinungsbild mit ihrem inhaltlichen Thema in Zusammenhang steht, die also mit ihrem Thema auf verschiedenen Ebenen spielen. Vergleichen Sie die beiden Piktogramme (Seite 6) des Barockdichters Theodor Kornfeld (1636–1698) und des modernen Lyrikers Reinhard Döhl (*1934) zum Thema Apfel.

3 Und was ist eine Pfeife?

Jürgen Czaschka

Zum Stich (2000)

Der österreichische Künstler Jürgen Czaschka hat 1999 für den italienischen Buchliebhaber Mario Ornati ein so genanntes Exlibris gestaltet.

Als ‚Exlibris' bezeichnet man ein Bucheignerzeichen, das – auf dem Innendeckel eines Buches angebracht – den Besitzer angibt. Der Brauch besteht seit dem 16. Jahrhundert. Um das Jahr 1900 herum begann man, Exlibris nicht mehr nur für die Verwendung in der eigenen Bibliothek bei Künstlern in Auftrag zu geben, sondern auch, um sie zu sammeln und mit anderen Sammlern zu tauschen. Als Motiv für ihr Exlibris wählten Buchliebhaber oft literarische Motive oder sie wünschten einen Bezug zu sich selbst. Heute ist die Verwendung von Buchzeichen in Büchern seltener geworden, aber man sammelt und tauscht sie immer noch.

Der Auftrag von Ornati war simpel nur: Pfeife. Nun, es gibt Kollegen, die kupfern dann tatsächlich nur die Pfeife ab […], das wollte ich nicht. Das Magritte-Zitat hatte ich natürlich immer im Kopf, wie ich dann aber zu dem Bild kam, kann ich nicht erklären. Ich zeichnete, brainstormend, und da war es plötzlich da. Bewusst ging es dann erst bei der Reinzeichnung zu, als Vorlage diente eine meiner Pfeifen (die jetzt meine Frau raucht) und der Hinterkopf von Magritte, den ich aus Fotos erriet. Das Bild würde, so meine ich, auch für sich selbst stehen, bekommt aber durch den Satz eine weitere Dimension.

Max Klinger sagte, die Grafik hätte mit Weltanschauung zu tun, ich sage, Grafik ist Sprache ohne Schrift, weshalb ich auch figurativ arbeite.

Jürgen Czaschka, Exlibris, 1999

René Magritte, 1928/29

ARBEITSANREGUNGEN

1. Gestalten Sie ein ▷ Piktogramm (siehe Seite 6 und 7, Aufgabe 4) zum Thema „Pfeife".
2. a) Schauen Sie sich das nebenstehende Foto an. Verfassen Sie einen kurzen **Text in der Ich-Form**, in dem das junge Mädchen auf dem Foto von einer Wanderung mit seinem Vater berichtet. Konzentrieren Sie sich auf die Stimmung, die das Foto vermittelt: Trägt das Pfeiferauchen dazu bei?
   b) Schreiben Sie eine kurze **Skizze**, in der jemand eine Pfeife raucht. Der Text kann einen erfundenen Vorgang beinhalten, aber auch auf einem eigenen Erlebnis beruhen. Achten Sie bei Ihrem Text vor allem darauf, dass Sie atmosphärische Eindrücke und sinnliche Wahrnehmungen besonders dicht beschreiben und dass der betreffende Pfeifenraucher gut vorstellbar wird.
3. a) Informieren Sie sich über die Kunstrichtung des Surrealismus.
   b) Erörtern Sie, inwiefern die Bildunterschriften René Magrittes (Seiten 6 und 8) Ihrer Ansicht nach surrealistische Spielerei sind oder zu einer sprachphilosophischen Diskussion anregen können.
   c) Versuchen Sie, einen surrealistischen „Ceci-n'est-pas-un/une-..."-Text zu schreiben.
4. Jürgen Czaschka bezieht sich in seinem Stich (Seite 7) ausdrücklich auf René Magrittes berühmtes Werk (oben).
   a) In seinem Text „Zum Stich" (Seite 7) erläutert Jürgen Czaschka, inwiefern er sich auf das Bild von René Magritte bezieht. Fassen Sie seine Position in Ihren eigenen Worten zusammen.
   b) Erörtern Sie Jürgen Czaschkas These „Grafik ist Sprache ohne Schrift".

Sigmund Freud mit seiner Tochter Anna, die später eine sehr anerkannte Kinderpsychologin werden sollte, bei einer Wanderung durch die Dolomiten (1913)

4 Sprachkrise um 1900

Die folgenden Aphorismen und Zitate von namhaften Autoren, die in den Jahren um die Jahrhundertwende um 1900 herum geschrieben haben, umkreisen unterschiedliche Aspekte der Sprachkrise und Sprachkritik, die diese Epoche kennzeichnen.

„Wir sagen Mensch und Hund, weil man vor uns Mensch und Hund gesagt hat."
Ferdinand de Saussure

„Die Grenze der Sprache zeigt sich in der Unmöglichkeit, die Tatsache zu beschreiben, die einem Satz entspricht (seine Übersetzung ist), ohne eben den Satz zu wiederholen."
Ludwig Wittgenstein

„Die Welt des Schreibens und Schreibenmüssens ist voll von großen Worten und Begriffen, die ihre Gegenstände verloren haben."
Robert Musil

„Wir haben keine inneren Stimmen mehr, wir wissen heute zu viel; der Verstand tyrannisiert unser Leben."
Robert Musil

„Wenn ich sage, A. habe schöne Augen, so kann man mich fragen: Was findest du an seinen Augen schön, und ich werde etwa antworten: die Mandelform, die langen Wimpern, die zarten Lider. Was ist das Gemeinsame dieser Augen mit einer gotischen Kirche, die ich auch schön finde? Soll ich sagen, sie machen mir einen ähnlichen Eindruck? Wie, wenn ich sagte: Das Gemeinsame ist, dass meine Hand versucht ist, sie beide nachzuzeichnen? Das wäre jedenfalls eine *enge Definition* des Schönen.
Man wird oft sagen können: Frage nach den Gründen, warum du etwas gut oder schön nennst, und die besondere Grammatik des Wortes ‚gut' in diesem Fall wird sich zeigen."
Ludwig Wittgenstein

„Ehe man ein Flugzeug hatte, hat man Flugzeuge erträumt und wie die Welt mit ihnen aussehen würde. Aber, wie die Wirklichkeit nichts weniger als diesem Traume glich, so hat man überhaupt keinen Grund zu glauben, die Wirklichkeit werde sich zu dem entwickeln, was man träumt. Denn unsre Träume sind voll Tand, gleichsam Papiermützen und Kostüme."
Ludwig Wittgenstein

„In einer Konversation: Einer wirft einen Ball; der andre weiß nicht: Soll er ihn zurückwerfen oder einem Dritten zuwerfen, oder liegen lassen oder aufheben und in die Tasche stecken etc.?"
Ludwig Wittgenstein

„Wenn wir was reden, Livio, tauschen wir nur schale, abgegriffene Zeichen aus."
Hugo von Hofmannsthal

„Worüber man nicht sprechen kann, darüber soll man schweigen."
Ludwig Wittgenstein

„Ich fürchte, wir werden Gott nicht los, weil wir noch an die Grammatik glauben."
Friedrich Nietzsche

„Worte sind Götter; denn Götter sind nur Worte."
Fritz Mauthner

„Die Seele mancher Menschen scheint aus einzelnen gewissermaßen flottierenden Elementen zu bestehen, die sich niemals um ein Zentrum zu gruppieren, also auch keine Einheit zu bilden imstande sind. So lebt der kernlose Mensch in einer ungeheuren und ihm doch niemals völlig zu Bewusstsein kommenden Einsamkeit dahin. Die große Mehrzahl der Menschen ist in diesem Sinne kernlos."
Arthur Schnitzler

Ursula Keller

Sprachhypostase und Sprachskepsis (2000)

[...] so wie um 1900 alle Philosophie zur Erkenntnistheorie gerät, so wird alle Erkenntnistheorie zur Sprachkritik. Die Bewusstseinskrisen der Fin-de-Siècle-Intelligenz sind, wie [das] Beispiel von Hofmannsthal zeigt, immer auch Sprachkrisen – und umgekehrt. Sprachskepsis, Sprachkritik, Sprachkrise, Sprachzerfall, Sprachverlust – die Sprache scheint tatsächlich der Ort zu sein, an dem die kollektiven Neurosen der Epoche am greifbarsten zu diagnostizieren – und zu therapieren – sind. Denn wer nähme wohl den Kampf gegen „die Verhexung unseres Verstandes durch die Mittel unserer Sprache“ auf, ohne an die „therapeutische Funktion einer allgemeinen Sprachkritik“ zu glauben? Für Wittgenstein, dem sich „eine ganze Wolke von Philosophie kondensiert zu einem Tröpfchen Sprachlehre“, sind die allgemeinen Sprachverwirrungen Symptome, die „auf etwas Krankhaftes in unserer *Lebensform* hinweisen. Die Aufgabe des Philosophen ist es daher, durch die Beschreibung von Sprachstörungen die Voraussetzung dafür zu schaffen, dass wir unsere Lebensform ändern und von der ‚Krankheit‘ geheilt werden.“
In diesem Sinne arbeitet auch die Standpauke, die Kraus der „Hure Sprache“ hält, auf die Restauration eines öffentlichen Diskurses hin, der frei wäre von der aktuellen Pervertierung aller Ausdrucksmittel. [...]
Ausgehöhlt, entleert, abgetrennt von ihren traditionellen bzw. ihren potenziellen Funktionen haben diese öffentlichen Ausdrucksmittel eine gespenstisch wuchernde Selbstständigkeit gewonnen; kaum ist das, worauf sie sich beziehen, noch auszumachen in ihren verworren-vielfältigen Botschaften.

INFOBLOCK

DIE MODERNE

Maximilian Lenz: Wien um die Jahrhundertwende (1900)

Zum Ende des 19. Jahrhunderts setzt ein alle Bereiche menschlichen Lebens umfassender Epochenumbruch ein. Er ist gekennzeichnet durch große naturwissenschaftliche Entdeckungen, die das bisher gültige Weltbild in Frage stellen, durch riesige technologische Veränderungen, durch schnellen sozialen Wandel; es entstehen moderne Großstädte mit gewaltigen Industrieanlagen und neuartigen Verkehrsmitteln; in Wien entdeckte Sigmund Freud das Unbewusste und deckte dadurch die Geheimnisse der menschlichen Seele auf; der Kulturkritiker Georg Simmel legte in seinem Buch *Philosophie des Geldes* dar, wie sich Menschen durch die monetäre Ausrichtung der Gesellschaft verändern (werden); der Philosoph Friedrich Nietzsche konstatiert die *Umwertung aller Werte*.

Die bisher weitgehend als gültig anerkannte Weltsicht des Bürgertums vermag die neu erkannte, enträtselte Wirklichkeit nicht mehr zu greifen, zu begreifen; die entsprechenden Wert- und Normvorstellungen tragen für den suchenden Menschen dieser Epoche nicht mehr; Konventionen werden gesprengt.
Dieser Umbruchprozess leitet die so genannte **Moderne** ein, und das Wort ‚modern' ist eines der beliebtesten Wörter der Zeit.
Max Burckhard, Jurist und Direktor des Wiener Burgtheaters, schreibt 1899:
„*Anders* will er [= der moderne Mensch] alles machen, als es bisher war, das ist der unbewusste Zug in ihm, unter dessen Bann er steht. Er repräsentiert das eine der zwei welterhaltenden Prinzipien[1]: die Bewegungstendenz gegenüber der Beharrungstendenz. Darum ist er ein Revolutionär auf dem Gebiete, auf das er sich wirft, sei dieses nun die Politik, das soziale Leben oder die Kunst."

Seine Darstellung leitet Burckhard im Übrigen mit folgender Passage ein:
„Es ist eines der modernsten Worte, das Wort ‚modern'. Fast täglich gebraucht es jeder von uns, und wenn wir es anwenden, haben wir die Empfindung, damit etwas ganz Bestimmtes von einer Person, einer Sache, einer Bestrebung ausgesagt zu haben; und der, zu dem wir reden, weiß auch gleich, was wir meinen. Wirklich? Weiß er das? Wissen wir es selbst? Der Hörer und der Sprecher wissen nur, dass in ihnen beiden *dieselben* oder doch ziemlich ähnliche Vorstellungen und Gedankenreihen berührt und erweckt werden, wenn das Wort ‚modern' angeschlagen wird: Was aber das eigentlich ist, das sie meinen, davon haben sie zumeist kaum mehr als eine nebelhafte Vorstellung, geschweige denn einen klaren Begriff. Was ist also modern?"

Diese doppelte Zielsetzung von Burckhards Ausführungen, die einmal einen inhaltlichen Beitrag zur Klärung des Begriffs **Moderne** leisten wollen, zum anderen aber auch auf einer metakommunikativen Ebene sich des Begriffs selbst vergewissern, ist typisch für die Zeit, der sie entstammen.
Mit dem Verlust des Glaubens an die Gültigkeit alter Erklärungen, Ideale und Konventionen geht um die Jahrhundertwende ein Leiden an der Sprache, eine Kritik der Sprache einher, die diese Inhalte transportiert hat und als die einzigen hat gelten lassen. Die Menschen um die Jahrhundertwende zersprengen soziale und ideologische Ketten. Sie distanzieren sich von der Sprache, die diese Ketten repräsentiert, müssen aber gleichzeitig verzweifelt erkennen, dass sie sich derselben Sprachzeichen bedienen müssen.
Die **Moderne** beginnt also mit **Sprachnot** und **Sprachkritik**.

1 Das zweite Prinzip ist nach Burckhard das konservative, das Räder „festhalten" oder „nach rückwärts schrauben" möchte.

Berlin, Unter den Linden/Ecke Friedrichstraße, um 1900

ARBEITSANREGUNGEN

1. a) Wählen Sie unter den Aphorismen und Zitaten auf Seite 9 einen/eines aus und erklären Sie ihn/es genau.
   b) Um welche Fragestellungen kreisen die Zitate und Aphorismen?
   Beantworten Sie diese Frage in einem Essay mit dem Titel „Die Krise um 1900" und beachten Sie dabei folgende Aspekte:
   - Erkenntnis
   - Sprache
   - Bewusstsein
2. Ursula Keller hat die um die Jahrhundertwende 1900 herum vorherrschende Sprachkritik untersucht (Seite 10).
   a) Arbeiten Sie die wichtigsten Begriffe des Textes heraus.
   b) Lassen sich im gegenwärtigen Sprachgebrauch ähnliche Phänomene feststellen?
   Sammeln Sie arbeitsteilig in Gruppen Beispiele.

Tipp Der Infoblock ▷ Die Moderne (Seite 10 f.) gibt Ihnen Anhaltspunkte. Arbeiten Sie die Schlüsselbegriffe heraus, die in der Wahrnehmung der Zeitgenossen die Umbruchsituation kennzeichneten, z. B. „technologische Veränderungen", „sozialer Wandel" etc. Versuchen Sie, für diese Schlüsselbegriffe aktuelle Darstellungen, Deutungen oder Interpretationen zu finden (Stadtbibliothek, Presse, Internet).

   c) Führen Sie eine Zettellawine zum Thema „Sprachkrise 2000?" durch.
   Bilden Sie Gruppen von sechs bis acht Personen. Jede/r schreibt zu einem vereinbarten Thema einen ersten Satz auf ein DIN-A4-Blatt, und zwar innerhalb von zwei Minuten. Dann werden alle Blätter im Uhrzeigersinn weitergereicht. Jeder Empfänger, jede Empfängerin hat drei Minuten lang Zeit, sich in den vorgefundenen Satz hineinzudenken und einige Ergänzungssätze hinzuzufügen. Dann werden die Blätter erneut weitergereicht, selbst wenn man sich noch mitten im Satz befindet. Auch mit dem neuen Textanfang muss sich jede/r vertraut machen und ihn anschließend fortsetzen. Die Lawine wird in größer werdenden Zeitintervallen fortgesetzt und nach einer halben Stunde beendet.
   Lesen Sie Ihre Ergebnisse im Kurs vor und diskutieren Sie sie.

ANREGUNGEN ZUR WEITEREN ARBEITSPLANUNG

Sie haben bei der Arbeit mit Teil A des vorliegenden Bandes erste Überlegungen über den Zusammenhang zwischen Sprachgebrauch, Bewusstsein und Realität angestellt.
Teil B wird Ihnen Gelegenheit geben, den damit verbundenen Fragestellungen unter verschiedenen Akzentsetzungen weiter nachzugehen. Die dort zusammengestellten Texte führen Sie an die Besonderheiten der historischen Umbruchsituation heran, die den Wechsel vom 19. ins 20. Jahrhundert kennzeichnen. Sie können zwischen folgenden Zugriffen wählen:

literarisch: Teil B 1 ▷ Sprachskepsis und Sprachkrise (Arthur Schnitzler und Hugo von Hofmannsthal)
sprachphilosophisch: Teil B 2 ▷ Sprachkritik (Friedrich Nietzsche, Karl Kraus, Fritz Mauthner)
medientheoretisch: Teil B 3 ▷ Verlorene Worte – lebende Bilder (Film, Kinodebatte, Medienumbrüche und Medienkritik)

Sie können im Kurs einzelne Schwerpunkte setzen und die weiteren Schwerpunkte gegebenenfalls arbeitsteilig erarbeiten, Sie können aber auch alle drei Teilkapitel bearbeiten, um sich ein möglichst geschlossenes Bild der Epoche um 1900 herum zu erarbeiten.
Teil C öffnet den Ausblick auf vergleichbare Phänomene in der Gegenwart, indem er die Auswirkungen in den Blickpunkt rückt, die der jüngste mediale Wandel für unser aller Sprachgebrauch und Bewusstsein mit sich bringt: die Einführung des World Wide Web.
Vorschläge für Projekte und Facharbeiten runden das Angebot ab.

B Die Moderne: Sprachkrise, Sprachkritik und neue Wege

Der Infoblock ▷ Die Moderne umreißt auf den Seiten 10–11 die Lebenszusammenhänge, die die Wende vom 19. zum 20. Jahrhundert charakterisieren. Die Welt der Worte zerbricht unter der Spannung zwischen einer geradezu von Wirklichkeit „überfüllten" Außenwelt und einem subjektiven Bewusstsein, das den Wandel nicht in einer diesem ebenbürtigen Sprache erfassen kann.

1 Sprachskepsis und Sprachkrise

Die bildende Kunst verliert sich um die Jahrhundertwende um 1900 in einem bis dahin nie gesehenen Stilpluralismus, die Literatur ringt darum, dem Schwinden des autonomen Individuums Worte zu verleihen. Die totale Wendung zum Subjektiven gipfelt in der Parole des Philosophen Ernst Mach (1838–1916), das Ich sei nicht zu retten. Was im alltäglichen Sprachgebrauch „ich" heißt, ist lediglich die Summe der Wahrnehmungen, die in einem Menschen zufällig zusammentreffen – nichts mehr von Dauer.

1.1 Arthur Schnitzler (1862–1931)

Arthur Schnitzler wurde 1862 als Sohn eines bekannten jüdischen Arztes in Wien geboren. Nach seinem Abitur studierte er Medizin; 1885 promovierte er und arbeitete fortan an Wiener Kliniken, ab 1893 als Assistent des Vaters an der Allgemeinen Poliklinik. Schon in der Jugend begann Schnitzler zu schreiben; ab 1886 kam es zu ersten Veröffentlichungen, zu engen Kontakten mit anderen Dichtern und Literaten, z. B. mit Hugo von Hofmannsthal (Seite 22 f.) und Karl Kraus (Seite 36 ff.).

Arthur Schnitzler um 1890

Mizi Glümer, eine Jugendliebe Schnitzlers, um 1890

Die Entscheidung zwischen den beiden „Berufen", der künstlerischen und der bürgerlichen Existenz, fiel ihm schwer; allerdings hat wohl auch der Vater einen gewichtigen Einfluss auf Schnitzler ausgeübt. Erst nach dem Tod des Vaters (1893) verließ Schnitzler die Poliklinik und

eröffnete eine Privatpraxis, die er noch einige Jahre betrieb. Doch sein Lebensmittelpunkt wurde und blieb von da an die Literatur. In rascher Folge entstanden Erzählungen, Romane und Theaterstücke. Viele seiner Werke lösten literarische und politische Skandale aus, z. B. die Erzählung „Leutnant Gustl" (1901), die persönliche Sanktionen für Schnitzler nach sich zog – ihm wurde der Offiziersrang aberkannt –, oder das Theaterstück „Der Reigen" (1903), das in Deutschland beschlagnahmt und erst 20 Jahre später in Wien aufgeführt wurde. Andere Stücke, z. B. die den Antisemitismus behandelnde Tragikomödie „Professor Bernhardi", fallen zunächst dem Verbot durch die Zensur zum Opfer.
„Anatol" ist ein Jugendwerk Schnitzlers; das Stück besteht aus mehreren einzelnen Szenen, die zwischen 1888 und 1891 entstanden und veröffentlicht, teilweise auch aufgeführt worden sind. Als Zyklus wurden diese Einakter erstmals 1910 auf der Bühne gezeigt.

Die Frage an das Schicksal

Anatol und Max, zwei gebildete und begüterte junge Herren, die dem gehobenen Bürgertum angehören, unterhalten sich in einer Szene aus Schnitzlers „Anatol" über eine für Anatol entscheidende „Frage an das Schicksal".

ARBEITSANREGUNGEN

1. Formulieren Sie für sich selbst wichtige „Fragen an das Schicksal".
   a) Kategorisieren Sie diese Fragen, beispielsweise in
      - (privat) persönliche
      - (privat) berufliche
      - (allgemein) politische
      - (allgemein) ökologische
      - usw.
   b) Untersuchen Sie Ihre „Fragen an das Schicksal" grammatikalisch, z. B. unter folgenden Aspekten:
      - Handelt es sich um Entscheidungs- oder Ergänzungsfragen?
      - Haben Sie Fragesätze mit oder ohne Fragewort formuliert?
      - Welche Zeitform haben Sie gewählt?

INFOBLOCK

HYPNOSE

Arthur Schnitzler hat sich als Arzt an der Poliklinik mit dem so genannten Hypnotismus beschäftigt, der ihn sehr bewegt hat. Die Arbeit hat zu einer wissenschaftlichen Veröffentlichung geführt.
Sigmund Freud, der um die Jahrhundertwende in Wien die Innenwelt des Seelenlebens erforschte und dabei das Ich steuernde unbewusste Triebkräfte entdeckte, hat die Hypnose in Frankreich bei Jean Martin Charcot kennen gelernt. Freud setzte sie zu Therapiezwecken ein, bevor er das Gesprächsverfahren der freien Assoziationen, die Psychoanalyse, als Therapieverfahren entwickelte.

Jean Martin Charcot während eines hypnotischen Experiments

In dem folgenden Ausschnitt setzt die Handlung mit einem Gespräch über ein Experiment ein, das Anatol mit der um die Jahrhundertwende als Therapie für die Behandlung seelisch kranker Menschen neu entdeckten Hypnose gemacht hat.

Arthur Schnitzler

Die Frage an das Schicksal
(1888–1891)

Anatol. Max.

Anatols Zimmer.

MAX Wahrhaftig, Anatol, ich beneide dich …

ANATOL *(lächelt)*

MAX Nun, ich muss dir sagen, ich war erstarrt. Ich habe ja doch bisher das Ganze für ein Märchen gehalten. Wie ich das nun aber sah, wie sie vor meinen Augen einschlief, wie sie tanzte, als du ihr sagtest, sie sei eine Ballerine, und wie sie weinte, als du ihr sagtest, ihr Geliebter sei gestorben, und wie sie einen Verbrecher begnadigte, als du sie zur Königin machtest.

ANATOL Ja, ja.

MAX Ich sehe, es steckt ein Zauberer in dir!

ANATOL In uns allen.

MAX Unheimlich.

ANATOL Das kann ich nicht finden. Nicht unheimlicher als das Leben selbst. Nicht unheimlicher als vieles, auf das man erst im Laufe der Jahrhunderte gekommen. Wie, glaubst du wohl, war unseren Voreltern zumute, als sie plötzlich hörten, die Erde drehe sich? Sie müssen alle schwindlig geworden sein!

MAX Ja. … aber es bezog sich auf alle

ANATOL Und wenn man den Frühling neu entdeckte! … Man würde auch an ihn nicht glauben! Trotz der grünen Bäume, trotz der blühenden Blumen und trotz der Liebe.

MAX Du verirrst dich; all das ist Gefasel. Mit dem Magnetismus …

ANATOL Hypnotismus …

MAX Nein, mit dem ist's ein ander Ding. Nie und nimmer würde ich mich hypnotisieren lassen.

ANATOL Kindisch! Was ist daran, wenn ich dich einschlafen heiße, und du legst dich ruhig hin.

MAX Ja, und dann sagst du mir: „Sie sind ein Raumfangkehrer", und ich steige in den Kamin und werde rußig! …

ANATOL Nun, das sind ja Scherze … Das Große an der Sache ist die wissenschaftliche Verwertung. – Aber ach, allzu weit sind wir ja doch nicht.

ARBEITSANREGUNGEN

„Gefasel" oder „Wissenschaft" – wie schätzen die beiden Freunde die Begegnung mit dem Unheimlichen ein?

[Im Folgenden dreht sich das Gespräch um Anatols Beziehung zu einer Frau namens Cora.]

ANATOL Ich bin unglücklich, bin toll.

MAX Noch immer also … im Zweifel?

ANATOL Nein … nicht im Zweifel. Ich weiß, dass sie mich betrügt! Während sie an meinen Lippen hängt, während sie mir die Haare streichelt … während wir selig sind … weiß ich, dass sie mich betrügt.

MAX Wahn!

ANATOL Nein!

MAX Und deine Beweise?

ANATOL Ich ahne es … ich fühle es … darum weiß ich es!

MAX Sonderbare Logik!

ANATOL Immer sind diese Frauenzimmer uns untreu. Es ist ihnen ganz natürlich … sie wissen es gar nicht … So wie ich zwei oder drei Bücher zugleich lesen muss, müssen diese Weiber zwei oder drei Liebschaften haben.

MAX Sie liebt dich doch?

ANATOL Unendlich … Aber das ist gleichgültig. Sie ist mir untreu.

MAX Und mit wem?

ANATOL Weiß ich's? Vielleicht mit einem Fürsten, der ihr auf der Straße nachgegangen, vielleicht mit einem Poeten aus einem Vorstadthause, der ihr vom Fenster aus zugelächelt hat, als sie in der Früh vorbeiging!

MAX Du bist ein Narr!

ANATOL Und was für einen Grund hätte sie, mir nicht untreu zu sein? Sie ist wie jede, liebt das Leben und denkt nicht nach. Wenn ich sie frage: Liebst du mich? – so sagt sie ja – und spricht die Wahrheit; und wenn ich sie frage, bist du mir treu? – so sagt sie wieder ja – und wieder spricht sie die Wahrheit, weil sie sich gar nicht an die andern erinnert – in dem Augenblick wenigstens. Und dann, hat dir je eine geantwortet: Mein lieber Freund, ich bin dir untreu? Woher soll man also die Gewissheit nehmen? Und wenn sie mir treu ist –

MAX Also doch!

ANATOL So ist es der reine Zufall ... Keineswegs denkt sie: Oh, ich muss ihm die Treue halten, meinem lieben Anatol ... keineswegs ...

MAX Aber wenn sie dich liebt?

ANATOL Oh, mein naiver Freund! Wenn das ein Grund wäre!

MAX Nun?

ANATOL Warum bin ich ihr nicht treu? ... Ich liebe sie doch gewiss!

MAX Nun ja! Ein Mann!

ANATOL Die alte dumme Phrase! Immer wollen wir uns einreden, die Weiber seien darin anders als wir! Ja, manche ... die, welche die Mutter einsperrt, oder die, welche kein Temperament haben ... Ganz gleich sind wir. Wenn ich einer sage: Ich liebe dich, nur dich – so fühle ich nicht, dass ich sie belüge, auch wenn ich in der Nacht vorher am Busen einer andern geruht.

MAX Ja ... du!

ANATOL Ich ... ja! Und du vielleicht nicht? Und sie, meine angebetete Cora vielleicht nicht? Oh! Und es bringt mich zur Raserei. Wenn ich auf den Knien vor ihr läge und ihr sagte: Mein Schatz, mein Kind – alles ist dir im Voraus verziehen – aber sag mir die Wahrheit – was hülfe es nur? Sie würde lügen wie vorher – und ich wäre so weit als vorher. Hat mich noch keine angefleht: „Um Himmels willen! Sag mir ... bist du mir wirklich treu? Kein Wort des Vorwurfs, wenn du's nicht bist; aber die Wahrheit! Ich muss sie wissen“ ... Was hab ich drauf getan? Gelogen ... ruhig, mit einem seligen Lächeln ... mit dem reinsten Gewissen. Warum soll ich dich betrüben, hab ich mir gedacht? Und ich sagte: Ja, mein Engel! Treu bis in den Tod. Und sie glaubte mir und war glücklich!

MAX Nun also!

ANATOL Aber ich glaube nicht und bin nicht glücklich! Ich wär' es, wenn es irgendein untrügliches Mittel gäbe, diese dummen, süßen, hassenswerten Geschöpfe zum Sprechen zu bringen oder auf irgendeine andere Weise die Wahrheit zu erfahren ... Aber es gibt keines außer dem Zufall.

MAX Und die Hypnose?

ANATOL Wie?

MAX Nun ... die Hypnose ... Ich meine das so: Du schläferst sie ein und sprichst: Du musst mir die Wahrheit sagen.

ARBEITSANREGUNGEN

1. Warum ist Anatol von Coras Untreue so überzeugt?
2. Max macht Anatol den Vorschlag, Cora zu hypnotisieren. Wird sein Vorschlag Anatol helfen können oder nicht? Sammeln Sie Argumente pro und kontra.
3. a) Verfassen Sie zwei Szenen, in denen Cora hypnotisiert wird: eine, in der Cora auf die „Frage an das Schicksal“, ob sie ihm treu ist, „ja“ sagt, und eine, die mit dem von Anatol befürchteten „nein“ endet.
   b) Lassen Sie anschließend die beiden Freunde über das jeweilige Experiment und seinen Sinn diskutieren.

[In der Szene kommt es wenig später zu dem Hypnose-Experiment. Anatol hat Cora, die zwischenzeitlich zu Besuch gekommen ist, schnell in Hypnose versetzen können.]

ANATOL Ruhig. *(Zu Cora.)* ... Schlafen ... fest, tief schlafen. *(Er steht eine Weile vor Cora, die ruhig atmet und schläft.)* So ... nun kannst du fragen.

MAX Ich wollte nur fragen, ob sie wirklich schläft.

ANATOL Du siehst doch ... Nun wollen wir ein paar Augenblicke warten. *(Er steht vor ihr, sieht sie ruhig an. Große Pause.)* Cora! Du wirst mir nun antworten ... Antworten. Wie heißt du?

CORA Cora.

ANATOL Cora, wir sind im Wald.

CORA Oh ... im Wald ... wie schön! Die grünen Bäume ... und die Nachtigallen.

ANATOL Cora ... Du wirst mir nun in allem die Wahrheit sagen. ... Was wirst du tun, Cora?

CORA Ich werde die Wahrheit sagen.
ANATOL Du wirst mir alle Fragen wahrheitsgetreu beantworten, und wenn du aufwachst, wirst du wieder alles vergessen haben! Hast du mich verstanden?
CORA Ja.
ANATOL Nun schlafe … ruhig schlafen. *(Zu Max.)* Jetzt also werde ich sie fragen …
MAX Du, wie alt ist sie denn?
ANATOL Neunzehn … Cora, wie alt bist du?
CORA Einundzwanzig Jahre.
MAX Haha.
ANATOL Pst … das ist ja außerordentlich … Du siehst daraus …
MAX Oh, wenn sie gewusst hätte, dass sie ein so gutes Medium ist!

Alfons Haider als Anatol, Christine Renhardt als Cora. Amstetten, 1998

ANATOL Die Suggestion hat gewirkt. Ich werde sie weiterfragen. – Cora, liebst du mich …? Cora … liebst du mich?
CORA Ja!
ANATOL *(triumphierend)*. Hörst du's?
MAX Nun also, die Hauptfrage, ob sie treu ist.
ANATOL Cora! *(Sich umwendend.)* Die Frage ist dumm.
MAX Warum?
ANATOL So kann man nicht fragen!
MAX …?
ANATOL Ich muss die Frage anders fassen.
MAX Ich denke doch, sie ist präzis genug.
ANATOL Nein, das ist eben der Fehler, sie ist nicht präzis genug.
MAX Wieso?
ANATOL Wenn ich sie frage: Bist du treu, so meint sie dies vielleicht im allerweitesten Sinne.
MAX Nun?
ANATOL Sie umfasst vielleicht die ganze … Vergangenheit … Sie denkt möglicherweise an eine Zeit, wo sie einen anderen liebte … und wird antworten: Nein.
MAX Das wäre ja auch ganz interessant.
ANATOL Ich danke … Ich weiß, Cora ist andern begegnet vor mir … Sie hat mir selbst einmal gesagt: Ja, wenn ich gewusst hätte, dass ich dich einmal treffe … dann …
MAX Aber sie hat es nicht gewusst.
ANATOL Nein …
MAX Und was deine Frage anbelangt …
ANATOL Ja … Diese Frage … Ich finde sie plump, in der Fassung wenigstens.
MAX Nun, so stelle sie etwa so: Cora, warst du mir treu, seit du mich kennst?
ANATOL Hm … Das wäre etwas. *(Vor Cora.)* Cora! Warst du … Auch das ist ein Unsinn!
MAX Ein Unsinn!?
ANATOL Ich bitte … man muss sich nur vorstellen, wie wir uns kennen lernten. Wir ahnten ja selbst nicht, dass wir uns einmal so wahnsinnig lieben würden. Die ersten Tage betrachteten wir beide die ganze Geschichte als etwas Vorübergehendes. Wer weiß …
MAX Wer weiß …?
ANATOL Wer weiß, ob sie nicht mich erst zu lieben anfing – als sie einen andern zu lieben aufhörte? Was erlebte dieses Mädchen einen Tag, bevor ich sie traf, bevor wir das erste Wort miteinander sprachen? War es ihr möglich, sich da so ohne weiteres loszureißen? Hat sie nicht vielleicht tage- und wochenlang noch eine alte Kette nachschleppen müssen, *müssen*, sag ich.
MAX Hm.
ANATOL Ich will sogar noch weiter gehen … Die erste Zeit war es ja nur eine Laune von ihr – wie von mir. Wir haben es beide nicht anders angesehen, wir haben nichts anderes voneinander verlangt als ein flüchtiges, süßes Glück. Wenn sie zu jener Zeit ein Unrecht begangen hat, was kann ich ihr vorwerfen? Nichts – gar nichts.
MAX Du bist eigentümlich mild.
ANATOL Nein, durchaus nicht, ich finde es nur unedel, die Vorteile einer augenblicklichen Situation in dieser Weise auszunützen.

Max Nun, das ist sicher vornehm gedacht. Aber ich will dir aus der Verlegenheit helfen.

Anatol –?

Max Du fragst sie wie folgt: Cora, seit du mich liebst … bist du mir treu?

Anatol Das klingt zwar sehr klar.

Max … Nun?

Anatol Ist es aber durchaus nicht.

Max Oh!

Anatol Treu! Wie heißt das eigentlich: Treu? Denke dir … sie ist gestern in einem Eisenbahnwaggon gefahren und ein gegenübersitzender Herr berührte mit seinem Fuße die Spitze des ihren. Jetzt mit diesem eigentümlichen, durch den Schlafzustand ins Unendliche gesteigerten Auffassungsvermögen, in dieser verfeinerten Empfindungsfähigkeit, wie sie ein Medium zweifellos in der Hypnose besitzt, ist es gar nicht ausgeschlossen, dass sie auch *das* schon als einen Treubruch ansieht.

Max Na höre!

Anatol Umso mehr, als sie in unseren Gesprächen über dieses Thema, wie wir sie manchmal zu führen pflegten, meine vielleicht etwas übertriebenen Ansichten kennen lernte. Ich selbst habe ihr gesagt: Cora, auch wenn du einen andern Mann einfach anschaust, ist es schon eine Untreue gegen mich!

Max Und sie?

Anatol Und sie, sie lachte mich aus und sagte, wie ich nur glauben könne, dass sie einen andern anschaue.

Max Und doch glaubst du –?

Anatol Es gibt Zufälle – denke dir, ein Zudringlicher geht ihr abends nach und drückt ihr einen Kuss auf den Hals.

Max Nun – das …

Anatol Nun – das ist doch nicht ganz unmöglich!

Max Also du willst sie nicht fragen.

Anatol O doch … aber …

Max Alles, was du vorgebracht hast, ist ein Unsinn. Glaube mir, die Weiber missverstehen uns nicht, wenn wir sie um ihre Treue fragen. Wenn du ihr jetzt zuflüsterst mit zärtlicher, verliebter Stimme: Bist du mir treu … so wird sie an keines Herrn Fußspitzen und keines Zudringlichen Kuss auf den Nacken denken – sondern nur an das, was wir gemeiniglich unter Untreue verstehen, wobei du noch immer den Vorteil hast, bei ungenügenden Antworten weitere Fragen stellen zu können, die alles aufklären müssen. –

Anatol Also du willst durchaus, dass ich sie fragen soll …

Max Ich? … Du wolltest doch!

Anatol Mir ist nämlich soeben noch etwas eingefallen.

Max Und zwar …?

Anatol Das Unbewusste!

Max Das Unbewusste?

Anatol Ich glaube nämlich an unbewusste Zustände.

Max So.

Anatol Solche Zustände können aus sich selbst heraus entstehen, sie können aber auch erzeugt werden, künstlich, … durch betäubende, durch berauschende Mittel.

Max Willst du dich nicht näher erklären …?

Anatol Vergegenwärtige dir ein dämmeriges, stimmungsvolles Zimmer.

Max Dämmerig … stimmungsvoll … ich vergegenwärtige mir.

Anatol In diesem Zimmer sie … und irgendein anderer.

Max Ja, wie sollte sie da hineingekommen sein?

Anatol Ich will das vorläufig offen lassen. Es gibt ja Vorwände … Genug! So etwas kann vorkommen.

Leo Braune als Max, Alfons Haider als Anatol. 1998

Nun – ein paar Gläser Rheinwein … eine eigentümlich schwüle Luft, die über dem Ganzen lastet, ein Duft von Zigaretten, parfümierten Tapeten, ein Lichtschein von einem matten Glaslüster und rote Vorhänge – Einsamkeit – Stille – nur Flüstern von süßen Worten …

MAX …!

ANATOL Auch andere sind da schon erlegen! Bessere, Ruhigere als sie!

MAX Nun ja, nur kann ich es mit dem Begriffe der Treue noch immer nicht vereinbar finden, dass man sich mit einem andern in solch ein Gemach begibt.

ANATOL Es gibt so rätselhafte Dinge …

MAX Nun, mein Freund, du hast die Lösung eines jener Rätsel, über das sich die geistreichsten Männer den Kopf zerbrochen, vor dir; du brauchst nur zu sprechen und du weißt alles, was du wissen willst. Eine Frage – und du erfährst, ob du einer von den wenigen bist, die *allein* geliebt werden, kannst erfahren, wo dein Nebenbuhler ist, erfahren, wodurch ihm der Sieg über dich gelungen – und du sprichst dieses Wort nicht aus! – Du hast eine Frage frei an das Schicksal! Du stellst sie nicht! Tage- und nächtelang quälst du dich, dein halbes Leben gäbst du hin für die Wahrheit, nun liegt sie vor dir, du bückst dich nicht, um sie aufzuheben! Und warum? Weil es sich vielleicht fügen kann, dass eine Frau, die du liebst, wirklich so ist, wie sie *alle* deiner Idee nach sein sollen – und weil dir deine Illusion doch tausendmal lieber ist als die Wahrheit. Genug also des Spiels, wecke dieses Mädchen auf und lasse dir an dem stolzen Bewusstsein genügen, dass du ein Wunder – hättest vollbringen können.

ANATOL Max!

MAX Nun, habe ich vielleicht Unrecht? Weißt du nicht selbst, dass alles, was du mir früher sagtest, Ausflüchte waren, leere Phrasen, mit denen du weder mich noch dich täuschen konntest?

ANATOL *(rasch)* Max … Lass dir nur sagen, ich will; ja, ich will sie fragen!

MAX Ah!

ANATOL Aber sei mir nicht böse – nicht vor dir!

ARBEITSANREGUNGEN

1. Analysieren Sie, warum Anatol die ihn quälende „Frage an das Schicksal" nicht stellt.
2. Welche Präzisierungsvorschläge macht Max und warum lehnt Anatol sie ab?

Die Frage an das Schicksal: Bist du mir treu?

Formulierungsvorschläge von Max	*Anatols Einwände gegen die Formulierung*
Formulierung 1: *Bist du mir treu?*	– *Frage ist „dumm"* – *Frage ist „unpräzise"* – *Frage kann „im allerweitesten Sinne" verstanden werden* – …
Formulierung 2: *Warst du mir treu, seit du mich kennst?*	
Formulierung 3:	
…	

3. Analysieren Sie, worin Anatols Sprachskepsis besteht. Beziehen Sie dabei psychologische, erkenntnistheoretische und sprachtheoretische Aspekte mit ein.
4. Schreiben Sie die Szene zu Ende.

In Anatols Überlegungen vermischt sich die Frage danach, was wirklich ist, mit der Frage, was sprachlich mitteilbar ist. Dem Ausgesprochenen kann er noch weniger trauen als dem Verschwiegenen. In allen Szenen zeigt sich Anatols Misstrauen gegenüber der Qualität der Sprache, Gemeintes adäquat zu übermitteln, in einer Fülle metakommunikativer Bemerkungen; dies gilt ebenso für seine Gesprächspartnerinnen, in „Weihnachtseinkäufe" ist das Gabriele, eine verheiratete Dame der gehobenen Gesellschaftsschicht.

Diese Frage können Sie sich schenken.

Irgendetwas dürfen Sie schon reden!

Wo Sie nur die Ironie herhaben!

Wie können Sie das behaupten?

Ich fragte nur so ins Blaue …

Und es gab gar keinen Hohn in meinen Worten …

Es ist gar keine Geschichte!

Ein ‚Nein' zur rechten Zeit, selbst von den gebildeten Lippen – ich könnte es verwinden. – Aber ein ‚Nein', wenn die Lippen hundertmal ‚Mag sein!' gelächelt – wenn der Ton der Stimme hundertmal nach ‚Gewiss' geklungen – so ein ‚Nein' macht einen …

Da legen Sie so einen verächtlichen Ton hinein.

Da müssen wir uns erst über den Begriff einigen!

Nur nicht sarkastisch werden!

Alfons Haider als Anatol, Maresa Hörbiger als Gabriele. 1998

Sie spotten nur!

Erzählen Sie mir einmal die ganze Geschichte …!

Lassen Sie sich doch nicht in dieser Weise ausfragen.

Versprechen Sie mir, ihr's zu bestellen … und mit den Worten, die ich Ihnen mitgeben will …

ARBEITSANREGUNG

Verfassen Sie eine Szene zu dem Material aus „Weihnachtseinkäufe". Die Zitate sollen wörtlich Bestandteil Ihrer Szene werden; Sie können jedoch die Reihenfolge verändern.

Der einsame Weg

In Arthur Schnitzlers Theaterstück „Der einsame Weg“ (1903) kommt es nach dem Tod der Mutter zu einem Gespräch der Geschwister Johanna und Felix Wegrath. Felix ist von Herrn von Sala, einem Freund der Familie, der unheilbar krank ist, zu einer Forschungsexpedition eingeladen worden.

Arthur Schnitzler

3. Akt, 5. Szene

JOHANNA *ruhig* Hat er dir gesagt, dass Sala verloren ist?

FELIX *zögert.*

JOHANNA Ich wusst' es. *Wie Felix reden will, hat sie eine seltsam abwehrende Bewegung* Und du gehst – mit ihm oder ohne ihn.

FELIX Ja. *Pause* Es wird jetzt hier recht still werden.

JOHANNA *unbeweglich.*

FELIX Und wie wirst du leben, Johanna? .. Ich meine, wie werdet ihr beide leben, du und der Vater?

JOHANNA *sieht ihn an, als wundere sie sich, dass er sie fragt.*

FELIX Er wird sich einsam fühlen. Er würde es sehr dankbar empfinden, denk ich, wenn du dich ein bisschen mehr mit ihm beschäftigtest, vielleicht mit ihm in freien Stunden spazieren gingst. Auch für dich –

JOHANNA *herb* Was hülfe es mir oder ihm? Was soll er mir sein oder ich ihm? Ich bin nicht dazu geschaffen, Menschen beizustehen in trüben Tagen. Ich kann mir nicht helfen, es ist nun einmal so. Wie eine Feindschaft regt es sich in mir gegen Menschen, die auf mein Mitleid angewiesen sind. Ich hab es gefühlt die ganze Zeit hindurch, als die Mutter krank war.

FELIX Nein, du bist nicht dazu geschaffen … Wozu nur magst du geschaffen sein?

JOHANNA *zuckt die Achseln, sitzt wieder mit verschlungenen Händen und sieht vor sich hin.*

FELIX Johanna! Warum redest du denn nicht mehr zu mir wie sonst? Hast du mir nicht vielleicht etwas zu sagen? Erinnere dich doch, wie wir uns früher alles erzählt haben.

JOHANNA Das ist lange her. Damals waren wir Kinder.

FELIX Warum kannst du nicht mehr so zu mir reden wie damals, Johanna? Weißt du denn nicht mehr, wie gut wir uns einmal verstanden haben? Wie wir uns alle Geheimnisse anvertraut haben! Wie gute Kameraden wir gewesen sind! … Wie wir zusammen in die weite Welt haben ziehen wollen!

JOHANNA In die weite Welt … O ja. Ich weiß es noch. Aber jetzt gibt es keine solchen Märchen- und Wunderworte mehr!

FELIX Das käme vielleicht nur auf uns an.

JOHANNA Nein, jetzt bedeuten die Worte nicht dasselbe wie früher.

FELIX Wie meinst du das?

JOHANNA In die weite Welt …

FELIX Was hast du, Johanna?

JOHANNA Einmal hab ich zusammen mit dir im Belvedere ein Bild gesehen, an das denk ich oft: Da ist eine Wiese mit Rittern und Damen – und ein Wald, ein Weinberg, ein Wirtshaus, und Burschen und Mädeln im Tanz, und eine große Stadt mit Kirchen und Türmen und Brücken. Und über die Brücke marschieren Soldaten, und auf dem Fluss gleitet ein Schiff dahin. Und weiter draußen ist ein Hügel, und auf dem Hügel ein Schloss, und in der Ferne hohe Berge. Und über dem Berg stehen Wolken, und über der Wiese schwimmen Nebel, und über die Stadt ergießt sich Sonnenglanz, und über das Schloss zieht ein Gewitter, und auf den Bergen liegt Schnee und Eis. – Und wenn einer sagte „die weite Welt“, oder wenn ich das Wort irgendwo las, so hab ich immer an das Bild denken müssen. Und so ging's mir mit vielen von diesen Worten, die so großartig klingen. Gefahr, das war ein Tiger mit weit aufgesperrtem Rachen, – Liebe, das war ein Page mit blonden Locken, der vor einer Dame kniet, – der Tod war ein schöner Jüngling mit schwarzen Flügeln und einem Schwert in der Hand, – und Ruhm war Schall von Trompeten, Menschen, die sich verneigen, und ein blumenbestreuter Weg. Damals konnte man freilich über alles reden, Felix. Aber jetzt sieht alles anders aus … Ruhm und Liebe und Tod und die weite Welt.

FELIX *zögernd* Mir wird ein wenig bang um dich, Johanna.

JOHANNA Warum, Felix?

FELIX Johanna! – Ich möchte, dass du unserm Vater keinen Kummer bereitest.

JOHANNA Steht das bei mir allein?

FELIX Ich weiß, wohin deine Träume gehen, Johanna. – Was soll das werden?

JOHANNA Muss denn alles etwas werden? – Ich denke, Felix, dass es die Bestimmung mancher Menschen sein mag, einander gar nichts anderes zu bedeuten als Erinnerung.

FELIX Johanna! – Du hast es selbst gesagt, – dass du nicht geschaffen bist, Menschen leiden zu sehen.

JOHANNA *zuckt leicht zusammen.*

FELIX Leiden … und …

ARBEITSANREGUNGEN

1. a) Listen Sie die Gesprächsthemen der Geschwister auf.
   b) Was wird in dieser Szene gesagt, was könnte eventuell von Johanna und von Felix verschwiegen worden sein?
   c) Wie begründet Johanna ihre Unfähigkeit, mit ihrem Bruder offen zu sprechen?
   d) Erläutern Sie Johannas Darstellung ihrer Sprachnot psychologisch, erkenntnistheoretisch und sprachtheoretisch.
2. Worin könnte Johannas „einsamer Weg“ bestehen?

1.2 Hugo von Hofmannsthal (1874–1929)

Emil Orlik:
Hugo von Hofmannsthal (1910)

Hugo von Hofmannsthal wurde 1874 in Wien als Sohn des Juristen Hugo Hofmann Edler von Hofmannsthal geboren und galt bereits früh als „Wunderkind“. Schon mit 16 Jahren veröffentlichte er unter dem Namen „Loris“ Gedichte, die ihn schnell berühmt machten und zu einem wichtigen Mitglied der Wiener Literaturszene werden ließen, die sich im Café Griensteidl traf und zu der auch Arthur Schnitzler gehörte.

Im Jahre 1892 immatrikulierte Hofmannsthal sich an der juristischen Fakultät der Universität Wien, wo er 1894 seine erste juristische Staatsprüfung ablegte. Danach studierte er Romanistik; 1897 promovierte er, 1900 verfasste er eine Habilitationsschrift über den französischen Dichter Victor Hugo, entschloss sich jedoch, als freier Schriftsteller zu leben.

Sein Jugendwerk – bis zur Jahrhundertwende – umfasst Lyrik und Versdramen; nach der Jahrhundertwende schreibt Hofmannsthal keine Gedichte mehr. Im Jahre 1909 beginnt er eng mit dem Komponisten Richard Strauss zusammenzuarbeiten (Opern: 1909 „Elektra“; 1911 „Der Rosenkavalier“; 1912 „Ariadne auf Naxos“; 1919 „Die Frau ohne Schatten“).

Hofmannsthals späteres Werk ist stark von seiner ethisch-sozialen Haltung gekennzeichnet und gilt der Dramatik und Publizistik. Mit Richard Strauss und dem Regisseur Max Reinhardt gründete er 1917 die Salzburger Festspielgemeinde; von 1920 an bis heute wird in Salzburg im Rahmen der jährlichen Festspiele Hofmannsthals „Jedermann“ auf dem Domplatz aufgeführt. Mit der Gründung der Österreichischen Bibliothek versuchte Hugo von Hofmannsthal die Welt der versinkenden österreichisch-ungarischen Monarchie festzuhalten.

1929 verstarb Hofmannsthal in Wien.

Ein Brief

Ein wichtiges Dokument der „Sprachnot" der Jahrhundertwende ist Hugo von Hofmannsthals „Ein Brief" (1902), in dem der fiktive Dichter Lord Chandos sich 1603 an den berühmten Philosophen Francis Bacon wendet, um diesem zu erklären, weswegen er als Dichter verstummt ist. Im Folgenden finden sich zwölf Ausschnitte aus diesem „Brief".

① Ich fühlte in diesem Augenblick mit einer Bestimmtheit, die nicht ganz ohne ein schmerzliches Beigefühl war, dass ich auch im kommenden und im folgenden und in allen Jahren dieses meines Lebens kein englisches und kein lateinisches Buch schreiben werde: und dies aus dem einen Grund, […] nämlich weil die Sprache, in welcher nicht nur zu schreiben, sondern auch zu denken mir vielleicht gegeben wäre, weder die lateinische noch die englische noch die italienische und spanische ist, sondern eine Sprache, von deren Worten mir auch nicht eines bekannt ist, eine Sprache, in welcher die stummen Dinge zu mir sprechen und in welcher ich vielleicht einst im Grabe vor einem unbekannten Richter mich verantworten werde.

② Allmählich aber breitete sich diese Anfechtung aus wie ein um sich fressender Rost. Es wurden mir auch im familiären und hausbackenen Gespräch alle die Urteile, die leichthin und mit schlafwandelnder Sicherheit abgegeben zu werden pflegen, so bedenklich, dass ich aufhören musste, an solchen Gesprächen irgend teilzunehmen.

③ Es ist mir dann, als bestünde mein Körper aus lauter Chiffren, die mir alles aufschließen. Oder als könnten wir in ein neues, ahnungsvolles Verhältnis zum ganzen Dasein treten, wenn wir anfingen, mit dem Herzen zu denken. Fällt aber diese sonderbare Bezauberung von mir ab, so weiß ich nichts darüber auszusagen; ich könnte dann ebenso wenig in vernünftigen Worten darstellen, worin diese mich und die ganze Welt durchwebende Harmonie bestanden und wie sie sich mir fühlbar gemacht habe, als ich ein Genaueres über die inneren Bewegungen meiner Eingeweide oder die Stauungen meines Blutes anzugeben vermöchte.

④ … in aller Natur fühlte ich mich selber; wenn ich auf meiner Jagdhütte die schäumende laue Milch in mich hineintrank, die ein struppiges Mensch einer schönen, sanftäugigen Kuh aus dem Euter in einen Holzeimer niedermolk, so war mir das nichts anderes, als wenn ich, in der dem Fenster eingebauten Bank meines studio sitzend, aus einem Folianten[1] süße und schäumende Nahrung des Geistes in mich sog.

1 **Foliant:** großformatiges dickes Buch

⑤ Um mich kurz zu fassen: Mir erschien damals in einer Art von andauernder Trunkenheit das ganze Dasein als eine große Einheit: Geistige und körperliche Welt schien mir keinen Gegensatz zu bilden, ebenso wenig höfisches und tierisches Wesen, Kunst und Unkunst, Einsamkeit und Gesellschaft; in allem fühlte ich Natur …

⑥ In diesen Augenblicken wird eine nichtige Kreatur, ein Hund, eine Ratte, ein Käfer, ein verkümmerter Apfelbaum, ein sich über den Hügel schlängelnder Karrenweg, ein moosbewachsener Stein mir mehr, als die schönste, hingebendste Geliebte der glücklichsten Nacht mir je gewesen ist. Diese stummen und manchmal unbelebten Kreaturen heben sich mir mit einer solchen Fülle, einer solchen Gegenwart der Liebe entgegen, dass mein beglücktes Auge auch ringsum auf keinen toten Fleck zu fallen vermag. Es erscheint mir alles, alles, was es gibt, alles, dessen ich mich entsinne, alles, was meine verworrensten Gedanken berühren, etwas zu sein.

⑦ … die abstrakten Worte, deren sich doch die Zunge naturgemäß bedienen muss, um irgendwelches Urteil an den Tag zu geben, zerfielen mir im Munde wie modrige Pilze.

⑧ Zuerst wurde es mir allmählich unmöglich, ein höheres oder allgemeineres Thema zu besprechen und dabei jene Worte in den Mund zu nehmen, deren sich doch alle Menschen ohne Bedenken geläufig zu bedienen pflegen. Ich empfand ein unerklärliches Unbehagen, die Worte „Geist", „Seele" oder „Körper" nur auszusprechen.

⑨ Mein Fall ist, in Kürze, dieser: Es ist mir völlig die Fähigkeit abhanden gekommen, über irgendetwas zusammenhängend zu denken oder zu sprechen.

⑩ Seither führe ich ein Dasein, das Sie, fürchte ich, kaum begreifen können, so geistlos, so gedankenlos fließt es dahin; ein Dasein, das sich freilich von dem meiner Nachbarn, meiner Verwandten und der meisten Land besitzenden Edelleute dieses Königreichs kaum unterscheidet und das nicht ganz ohne freudige und belebende Augenblicke ist. Es wird mir nicht leicht, Ihnen anzudeuten, worin diese guten Augenblicke bestehen; die Worte lassen mich wiederum im Stich.

⑪ Eine Gießkanne, eine auf dem Felde verlassene Egge, ein Hund in der Sonne, ein ärmlicher Kirchhof, ein Krüppel, ein kleines Bauernhaus, alles dies kann das Gefäß meiner Offenbarung werden. Jeder dieser Gegenstände und die tausend anderen ähnlichen, über die sonst ein Auge mit selbstverständlicher Gleichgültigkeit hinweggleitet, kann für mich plötzlich in irgendeinem Moment, den herbeizuführen auf keine Weise in meiner Gewalt steht, ein erhabenes und rührendes Gepräge annehmen, das auszudrücken mir alle Worte zu arm scheinen.

⑫ Es zerfiel mir alles in Teile, die Teile wieder in Teile, und nichts mehr ließ sich mit einem Begriff umspannen. Die einzelnen Worte schwammen um mich; sie gerannen zu Augen, die mich anstarrten und in die ich wieder hineinstarren muss: Wirbel sind sie, in die hinabzusehen mich schwindelt, die sich unaufhaltsam drehen und durch die hindurch man ins Leere kommt.

Ferdinand Hodler, Die Empfindung (1901/02)

ARBEITSANREGUNGEN

1. Kopieren Sie den Text (Seite 23–24) und schneiden Sie die Teile aus. Bringen Sie die zwölf Ausschnitte des so genannten Chandos-Briefes in die richtige Reihenfolge (Sie können sie zur Arbeitserleichterung auf ein Blatt kleben) und fassen Sie ihre jeweilige Aussage knapp zusammen.

Tipp Als Orientierungshilfe können Ihnen die Tempusformen der Verben dienen.

Die Lebenssituation von Lord Chandos

Textausschnitte	*Ausschnitt Nr.*	*soziale Situation*	*sprachphilosophische Reflexion*
1 Der junge	*10*		
2 Lord Chandos			
3 Darstellung			
4 der Sprach-			
5 krise und			
6 ihrer			
7 Folgen			
8 Der ältere			
9 Lord Chandos:			
10 neue			
11 Welt-			
12 Wahrnehmung			

2. Lord Chandos charakterisiert und kritisiert den Sprachgebrauch seiner Zeit. Fassen Sie seine Äußerungen in wenigen Sätzen zu einer kleinen Skizze der zeitgenössischen Situation zusammen.
3. Der Text ist reich an bildlich-metaphorischen Passagen.
   a) Unterstreichen Sie diese Passagen (gegebenenfalls auf der kopierten Seite, die Sie für Aufgabe 1 angefertigt haben).
   b) Wählen Sie drei dieser Passagen aus und stellen Sie exemplarisch an ihnen dar, wie sich die von Chandos kritisierte „begriffliche" Sprache von der bildlichen unterscheidet und welche Mitteilungsabsicht er mit der bildlichen Sprache verknüpft.
4. Erläutern Sie Chandos' Erfahrungen, „mit dem Herzen zu denken" (Ausschnitt mit der Nr. 3).
5. Verfassen Sie selbst zwei kurze Texte, in denen Sie einen fiktiven oder selbst erfahrenen epiphanischen Glücksmoment (z. B. aus der Kindheit) einmal begrifflich und einmal bildlich-metaphorisch mitteilbar zu machen versuchen.
6. Vergleichen Sie Chandos' Darstellung seiner neuen und intensiven Nähe zur Welt (z. B. Ausschnitt mit der Nr. 11) mit der Aussage, die Ferdinand Hodler mit seinem Bild *Die Empfindung* (1901/02) macht.

Der Schwierige

Im Mittelpunkt von Hofmannsthals Komödie „Der Schwierige“ (1918) steht Hans Karl Graf Brühl, der kurz zuvor aus dem Krieg zurückgekehrt ist. Seine Schwester Crescence hat ihn dazu überredet, eine Soiree[1] der mit ihnen befreundeten Familie Altenwyl zu besuchen. Dort soll er nach Crescences Wunsch bei Helene Altenwyl, die derzeit von dem Deutschen Neuhoff sehr umworben wird, für seinen Neffen Stani werben; außerdem möchte er sich von seiner Geliebten Antoinette trennen, deren Mann er im Krieg schätzen gelernt hat, und sie mit ihrem Gatten aussöhnen. Er fürchtet sich vor dem Abend, vor dem „unentwirrbaren Knäuel von Missverständnissen“, die bei jeder Konversation unweigerlich und „chronisch“ entstehen.

1 **Soiree:** Abendgesellschaft

Hugo von Hofmannsthal

Der Schwierige, Vierzehnte Szene (1918)

In der 14. Szene des 2. Aktes spricht Hans Karl mit Helene, die ihm seit Jahren eine tiefe Mädchenschwärmerei entgegenbringt und für die er tiefe Gefühle hegt.

HANS KARL Ja, ich habe mit Ihnen zu reden.

HELENE Ist es etwas sehr Ernstes?

HANS KARL Es kommt vor, dass es einem zugemutet wird. Durchs Reden kommt ja alles auf der Welt zustande. Allerdings, es ist ein bissl lächerlich, wenn man sich einbildet, durch wohlgesetzte Wörter eine weiß Gott wie große Wirkung auszuüben, in einem Leben, wo doch schließlich alles auf das Letzte, Unaussprechliche ankommt. Das Reden basiert auf einer indezenten[1] Selbstüberschätzung.

HELENE Wenn alle Menschen wüssten, wie unwichtig sie sind, würde keiner den Mund aufmachen.

HANS KARL Sie haben einen so klaren Verstand, Helene. Sie wissen immer in jedem Moment so sehr, worauf es ankommt.

HELENE Weiß ich das?

HANS KARL Man versteht sich mit Ihnen ausgezeichnet. Da muss man sehr Acht geben.

HELENE *sieht ihn an* Da muss man Acht geben?

HANS KARL Freilich. Sympathie ist ganz gut, aber auf ihr herumzureiten wäre doch namenlos indiskret. Darum muss man doch gerade auf der Hut sein, wenn man das Gefühl hat, sich sehr gut zu verstehen.

1 **indezent:** unangemessen

HELENE Das müssen Sie tun, natürlich. So ist Ihre Natur. Wer sich einfallen ließe, Sie fixieren zu wollen, wäre schon verloren. Aber wer glaubt, dass Sie ihm für immer Adieu gesagt haben, dem könnte passieren, dass Sie ihm wieder Guten Tag sagen. – Heut hat die Antoinette wieder Charme für Sie gehabt.

HANS KARL Sie bemerken alles!

HELENE Sie verbrauchen auf Ihre Art die armen Frauen, aber Sie haben sie gar nicht sehr lieb. Es gehört viel Contenance[2] dazu oder ein bissl Gewöhnlichkeit, um Ihre Freundin zu bleiben.

HANS KARL Wenn Sie mich so sehen, dann bin ich Ihnen ja direkt unsympathisch!

HELENE Gar nicht. Sie sind charmant. Sie sind bei all dem wie ein Kind.

HANS KARL Wie ein Kind? Und dabei bin ich nahezu ein alter Mensch. Das ist doch ein horreur[3]. Mit neununddreißig Jahren nicht wissen, woran man mit sich selber ist, das ist doch eine Schand.

HELENE Ich brauche nie nachzudenken, woran ich mit mir selber bin. Bei mir ist wirklich gar nichts los, es ist nichts da als ein anständiges, ruhiges Benehmen.

HANS KARL Sie haben so eine reizende Art!

HELENE Ich möchte nicht sentimental sein, das langweilt mich. Ich möchte lieber terre à terre sein, wie Gott weiß wer, als sentimental. Ich möchte auch nicht spleenig sein, und ich möchte nicht kokett sein. So bleibt mir nichts übrig, als möglichst artig zu sein.

Hans Karl schweigt.

HELENE Au fond können wir Frauen tun, was wir wollen, meinetwegen Solfèges singen oder politisieren, wir meinen immer noch was and-

2 **Contenance:** hier: Selbstdisziplin
3 **horreur:** Abscheu, Schande

res damit – Solfèges singen ist indiskreter, Artigsein ist diskreter, es drückt die bestimmte Absicht aus, keine Indiskretionen zu begehen. Weder gegen sich noch gegen einen andern.

Hans Karl Alles an Ihnen ist besonders und schön. Ihnen kann ja gar nichts geschehn. Heiraten Sie wen immer, heiraten Sie den Neuhoff, nein, den Neuhoff, wenn sichs vermeiden lässt, lieber nicht, aber den ersten besten frischen Menschen, einen Menschen wie meinen Neffen Stani, ja wirklich, Helene, heiraten Sie den Stani, er möchte so gern, und Ihnen kann ja gar nichts passieren. Sie sind ja unzerstörbar, das steht ja deutlich in Ihrem Gesicht geschrieben. Ich bin immer fasziniert von einem wirklich schönen Gesicht – aber das Ihre –

Helene Ich möchte nicht, dass Sie so mit mir reden, Graf Brühl.

Hans Karl Aber nein, an Ihnen ist ja nicht die Schönheit das Entscheidende, sondern etwas ganz anderes: In Ihnen liegt das Notwendige. Sie können mich natürlich nicht verstehen, ich versteh mich selbst viel schlechter, wenn ich red, als wenn ich still bin. Ich kann gar nicht versuchen, Ihnen das zu explizieren, es ist halt etwas, was ich draußen begreifen gelernt habe: dass in den Gesichtern der Menschen etwas geschrieben steht. Sehen Sie, auch in einem Gesicht wie dem von der Antoinette kann ich lesen –

Helene *mit einem flüchtigen Lächeln:* Aber davon bin ich überzeugt –

Hans Karl *ernst:* Ja, es ist ein charmantes, liebes Gesicht, aber es steht immer ein und derselbe stumme Vorwurf in ihm eingegraben: Warum habts ihr mich alle dem fürchterlichen Zufall überlassen? Und das gibt ihrer kleinen Maske etwas so Hilfloses, Verzweifeltes dass man Angst um sie haben könnte.

Helene Aber die Antoinette ist doch da. Sie existiert doch so ganz für den Moment. So müssen doch Frauen sein, der Moment ist ja alles. Was soll denn die Welt mit einer Person anfangen, wie ich bin? Für mich ist ja der Moment gar nicht da, ich stehe da und sehe die Lampen dort brennen, und in mir sehe ich sie schon ausgelöscht. Und ich spreche mit Ihnen, wir sind ganz allein in einem Zimmer, aber in mir ist das jetzt schon vorbei: wie wenn irgendein gleichgültiger Mensch hereingekommen wäre und uns gestört hätte, die Huberta oder der Theophil Neuhoff oder wer immer, und das schon vorüber wäre, dass ich mit Ihnen allein dagesessen bin, bei dieser Musik, die zu allem auf der Welt besser passt als zu uns beiden – und Sie schon wieder irgendwo dort zwischen den Leuten. Und ich auch irgendwo zwischen den Leuten.

Hans Karl *leise:* Jeder muss glücklich sein, der mit Ihnen leben darf, und muss Gott danken bis an sein Lebensende, Helen, bis an sein Lebensende, seis, wers sei. Nehmen Sie nicht den Neuhoff, Helen, – eher einen Menschen wie den Stani, oder auch nicht den Stani, einen ganz andern, der ein braver, nobler Mensch ist – und ein Mann: Das ist alles, was ich nicht bin.

Er steht auf.

Helene *steht auch auf, sie spürt, dass er gehen will:* Sie sagen mir ja Adieu!

Hans Karl gibt keine Antwort.

Helene Auch das hab ich vorausgewusst. Dass einmal ein Moment kommen wird, wo Sie mir so plötzlich Adieu sagen werden und ein Ende machen – wo gar nichts war. Aber denen, wo wirklich was war, denen können Sie nie Adieu sagen.

Hans Karl Helene, es sind gewisse Gründe.

Helene Ich glaube, ich habe alles in der Welt, was sich auf uns zwei bezieht, schon einmal gedacht. So sind wir schon einmal gestanden, so hat eine fade Musik gespielt, und so haben Sie mir Adieu gesagt, einmal für alle Mal.

Hans Karl Es ist nicht nur so aus diesem Augenblick heraus, Helen, dass ich Ihnen Adieu sage. O nein, das dürfen Sie nicht glauben. Denn dass man jemandem Adieu sagen muss, dahinter versteckt sich ja was.

Helene Was denn?

Hans Karl Da muss man ja sehr zu jemandem gehören und doch nicht ganz zu ihm gehören dürfen.

Helene *zuckt:* Was wollen Sie damit sagen?

Hans Karl Da draußen, da war manchmal was – mein Gott, ja, wer könnte denn das erzählen!

Helene Ja, mir. Jetzt.

Hans Karl Da waren solche Stunden, gegen Abend oder in der Nacht, der frühe Morgen mit dem Morgenstern – Helen, Sie waren da sehr nahe von mir. Dann war dieses Verschüttetwerden, Sie haben davon gehört –

Helene Ja, ich hab davon gehört –

Hans Karl Das war nur ein Moment, dreißig Sekunden sollen es gewesen sein, aber nach innen hat das ein anderes Maß. Für mich wars eine ganze Lebenszeit, die ich gelebt hab, und in diesem Stück Leben, da waren Sie meine Frau. Ist das nicht spaßig?

HELENE Da war ich Ihre Frau?

HANS KARL Nicht meine zukünftige Frau. Das ist das Sonderbare. Meine Frau ganz einfach. Als ein fait accompli. Das Ganze hat eher etwas Vergangenes gehabt als etwas Zukünftiges.

Helene schweigt.

HANS KARL Mein Gott, ich bin eben nicht möglich, das sag ich ja der Crescence! Jetzt sitz ich da neben Ihnen in einer Soiree und verlier mich in Geschichten, wie der alte Millesimo, Gott hab ihn selig, den schließlich die Leut allein sitzen haben lassen, mit seinen Anekdoten ohne Pointe, und der das gar nicht bemerkt hat und mutterseelenallein weitererzählt hat.

HELENE Aber ich lass Sie gar nicht sitzen, ich hör zu, Graf Karl. Sie haben mir etwas sagen wollen, war es das?

HANS KARL Nämlich: das war eine sehr subtile Lektion, die mir da eine höhere Macht erteilt hat. Ich werd Ihnen sagen, Helen, was die Lektion bedeutet hat.

Helene hat sich gesetzt, er setzt sich auch, die Musik hat aufgehört –

HANS KARL Es hat mir in einem ausgewählten Augenblick ganz eingeprägt werden sollen, wie das Glück ausschaut, das ich mir verscherzt habe. Wodurch ich mirs verscherzt habe, das wissen Sie ja so gut wie ich.

HELENE Das weiß ich so gut wie Sie?

HANS KARL Indem ich halt, solange noch Zeit war, nicht erkannt habe, worin das Einzige liegen könnte, worauf es ankäm. Und dass ich das nicht erkannt habe, das war eben die Schwäche meiner Natur. Und so habe ich diese Prüfung nicht bestanden. Später im Feldspital, in den vielen ruhigen Tagen und Nächten, hab ich das alles mit einer unbeschreiblichen Klarheit und Reinheit erkennen können.

HELENE War es das, was Sie mir haben sagen wollen, genau das?

HANS KARL Die Genesung ist so ein merkwürdiger Zustand. Darin ist mir die ganze Welt wiedergekommen, wie etwas Reines, Neues und dabei so Selbstverständliches. Ich hab da auf einmal ausdenken können, was das ist: ein Mensch. Und wie das sein muss: zwei Menschen, die ihr Leben aufeinander legen und werden wie *ein* Mensch. Ich habe – in der Ahnung wenigstens – mir vorstellen können – was da dazugehört, wie heilig das ist und wie wunderbar. Und sonderbarerweise, es war nicht meine Ehe, die ganz ungerufen die Mitte von diesem Denken war – obwohl es ja leicht möglich ist, dass ich noch einmal heirat –, sondern es war Ihre Ehe.

HELENE Meine Ehe! Meine Ehe – mit wem denn?

HANS KARL Das weiß ich nicht. Aber ich habe mir das in einer ganz genauen Weise vorstellen können, wie das alles sein wird, und wie es sich abspielen wird, mit ganz wenigen Leuten und ganz heilig und feierlich, und wie alles so sein wird, wie sichs gehört zu Ihren Augen und zu Ihrer Stirn und zu Ihren Lippen, die nichts Überflüssiges reden können, und zu Ihren Händen, die nichts Unwürdiges besiegeln können – und sogar das Ja-Wort hab ich gehört, ganz klar und rein, von Ihrer klaren, reinen Stimme – ganz von weitem, denn ich war doch natürlich nicht dabei, ich war doch nicht dabei! – Wie käm ich als ein Außenstehender zu der Zeremonie – Aber es hat mich gefreut, Ihnen einmal zu sagen, wie ichs Ihnen mein. – Und das kann man natürlich nur in einem besonderen Moment; wie der jetzige, sozusagen in einem definitiven Moment –

Helene ist dem Umsinken nah, beherrscht sich aber.

HANS KARL *Tränen in den Augen* Mein Gott, jetzt hab ich Sie ganz bouleversiert[4], das liegt an meiner unmöglichen Art, ich attendrier mich sofort, wenn ich von was sprech oder hör, was nicht aufs Allerbanalste hinausgeht – es sind die Nerven seit der Geschichte, aber das steckt sensible Menschen wie Sie natürlich an – ich gehör eben nicht unter Menschen – das sag ich ja der Crescence – ich bitt Sie tausendmal um Verzeihung, vergessen Sie alles, was ich da Konfuses zusammengeredt hab – es kommen ja in so einem Abschiedsmoment tausend Erinnerungen durcheinander –

Hastig, weil er fühlt, dass sie nicht mehr allein sind

– aber wer sich beisammenhat, der vermeidet natürlich, sie auszukramen. – Adieu, Helen, Adieu.

Der berühmte Mann ist von rechts eingetreten.

HELENE *kaum ihrer selbst mächtig:* Adieu!

Sie wollen sich die Hände geben, keine Hand findet die andere.

4 **bouleversieren:** bestürmen

Hugo von Hofmannsthal

Die Antinomie von Sprechen und Tun (1921)

Auszug aus einem Brief an den Direktor des Wiener Burgtheaters, Anton Wildgans, geschrieben am 14. 11. 1921.

Es ist das Problem, das mich oft gequält und beängstigt hat (schon im „Tor und Tod“, am stärksten in dem „Brief“ des Lords Chandos, den Sie vielleicht kennen) – wie kommt das einsame Individuum dazu, sich durch die Sprache mit der Gesellschaft zu verknüpfen, ja durch sie, ob es will oder nicht, rettungslos mit ihr verknüpft zu sein? – und weiterhin: wie kann der Sprechende noch handeln – da ja ein Sprechen schon Erkenntnis, also Aufhebung des Handelns ist – mein persönlicher mich nicht loslassender Aspect der ewigen Antinomie vom Sprechen und Tun, Erkennen und Leben: – dies alles sage ich freilich nicht dem Director des Burgtheaters, sondern dem Dichter.

Helene Thimig als Helene; Gustav Waldau als Hans Karl (1924 im Theater in der Josefsstadt)

ARBEITSANREGUNGEN

1. a) Stellen Sie tabellarisch zusammen, was Helene und Karl in der Szene (Seite 26–28) jeweils über sich selbst sagen und wie sie sich gegenseitig charakterisieren.
   b) Vergleichen Sie diese Befunde.

Helene über sich:	*Hans Karl über Helene:*

Hans Karl über sich:	*Helene über Hans Karl:*

2. a) Arbeiten Sie Anhaltspunkte für die Annahme heraus, dass Hans Karl „schwierig“ ist.
   b) Prüfen Sie, ob es Anzeichen dafür gibt, dass auch Helene „schwierig“ ist.
3. a) Untersuchen Sie das Gespräch zwischen Helene und Hans Karl auf der Inhalts- und der Beziehungsebene.
   b) Listen Sie die Aspekte, die Sie finden, tabellarisch auf:

Inhalt		*Beziehung*	
Hans Karl	*Helene*	*Hans Karl*	*Helene*
…	…	…	…
…	…	…	…

4. a) Überprüfen Sie den Text auf Indizien dafür, dass Hans Karl und Helene sich lieben und dass sie um ihre Liebe wissen.
   b) Schreiben Sie eine kurze Begründung: Warum gestehen sie sich ihre Liebe nicht?
5. Untersuchen Sie die verschiedenen Sprachebenen in der Szene:
   - Konversationssprache der gehobenen Gesellschaft; Sprache der Verstellung
   - Dialektwendungen
   - aufrichtige Ich-Mitteilungen
6. Deuten Sie die Szene unter Bezug auf den Briefauszug von Hofmannsthal an Anton Wildgans (Seite 29).

Die Situation, die Hugo von Hofmannsthal zu einem Drama verarbeitet hat (Seite 26–28), ist eine zeitlos menschliche: Zwei Menschen, die sich ihre Zuneigung füreinander nicht eingestehen, unterhalten sich miteinander. Das Verhalten der Menschen zeigt jedoch durchaus eine Gebundenheit an die jeweils zeitgenössische Lebenswelt.
1991 ist der Roman „Generation X“ erschienen, in dem Douglas Coupland sich mit der Weltanschauung von Menschen „seiner“ Generation auseinander setzt, die in den 1960er Jahren geboren sind. Die Gegenüberstellung eines Auszugs mit Dramen von Hugo von Hofmannsthal gibt Anlass, nach Unterschieden oder Ähnlichkeiten zu fragen.

Douglas Coupland

Sonnenaufgang (1991)

Auszug aus dem Roman „Generation X“, erschienen 1991 im Goldmann Verlag.

Weißt du, Dag und Claire lächeln oft, wie so viele Leute, die ich kenne. Und ich habe mich immer gefragt, ob ihr Lächeln etwas Mechanisches oder Boshaftes hat, denn in der Art, wie sie die Oberlippe hochschieben, liegt etwas – zwar nichts Falsches, aber etwas *Schützendes*. Wie ich so mit den beiden dasitze, kommt mir eine ziemlich unbedeutende Eingebung. Es ist die Erkenntnis, dass das Lächeln, das sie im täglichen Leben aufsetzen, dem gleicht, das Leute aufsetzen, die in aller Öffentlichkeit auf einem New Yorker Bürgersteig von Kreditkartenhaien geschröpft worden sind; gutmütige Leute, aber nichtsdestoweniger geschröpfte, die lächeln, weil sie aufgrund gesellschaftlicher Konventionen nicht im Stande sind, ihren Zorn rauszulassen, und weil sie sich nicht als schlechte Verlierer zeigen wollen. Ein flüchtiger Gedanke.
Der erste Sonnenstrahl fällt über den Lavendelberg von Joshua, aber drei von uns sind ein wenig zu cool, zu unserem eigenen Besten; wir können den Moment nicht einfach so hinnehmen. Dag fühlt sich gezwungen, das aufflammende Licht mit einer Frage an uns zu begrüßen, und zwar mit einem düsteren Morgenständchen:
„Woran denkt ihr, wenn ihr die Sonne seht? Schnell. Bevor ihr zu lange darüber nachdenkt und eure Antwort verderbt. Seid ehrlich, seid schauerlich. Claire, du zuerst.“
Claire versteht sofort: „Also, Dag, ich sehe einen Farmer in Russland, der mit einem Traktor durch ein Weizenfeld fährt. Aber das Sonnenlicht zeigt keine gute Wirkung, wie bei einem verblichenen Schwarzweißfoto aus einem alten *Life*-Magazin. Hinzu kommt noch ein weiteres seltsames Phänomen: Die Sonne strahlt nicht, sondern verströmt den Geruch von alten *Life*-Magazinen, und dieser Geruch zerstört das Getreide. Während wir hier miteinander sprechen, lichtet sich der Weizen. Der Bauer ist über das Lenkrad seines Traktors gesunken und weint. Sein Weizen stirbt durch Geschichtsvergiftung.“
„Gut, Claire. Schön unheimlich. Und was ist mit dir, Andy?“
„Lass mich einen Moment überlegen.“
„Okay, dann mache ich weiter. Wenn ich an die Sonne denke, fällt mir ein australisches Surfer-Häschen ein, vielleicht achtzehn Jahre alt, irgendwo an der Bondi Beach, das auf seinem Schienbein gerade das erste Karzinom entdeckt. Im Geiste schreit die Kleine auf und beginnt sogleich auszubaldowern, wie sie ihrer Mutter Valium klauen kann. Aber jetzt musst *du mir* sagen, was dir einfällt, wenn du die Sonne siehst, Andy.“
Ich weigere mich, an diesen Entsetzlichkeiten teilzunehmen, lehne es ab, Leute in meine Vision einzubeziehen. „Ich denke an diesen Ort in der Antarktis, der Lake Vanda heißt

und wo seit über zwei Millionen Jahren kein Regen mehr gefallen ist."
„Das ist doch schön. Ist das alles?"
„Ja, das ist alles."
Es entsteht eine Pause. Und was ich *nicht* sage, ist, dass es dieselbe Sonne ist, die mich an Königsmandarinen denken lässt, an taumelnde Schmetterlinge und an träge Karpfen – außerdem an die ekstatischen Tropfen des Granatapfelbluts, das aus den Hautritzen der Früchte hervorsickert, die an den Ästen des Baumes nebenan verfaulen; Tropfen, die wie Rubine an ihrem alten, braunen, ledernen Ursprungsort hängen und auf die intensive, eierstockartige Fruchtbarkeit im Innern hinweisen.
Die Verschanzung hinter der Coolness ist auch für Claire zu viel. Sie bricht das Schweigen und sagt, es sei nicht gesund, das Leben als eine Abfolge isolierter, kleiner, cooler Momente zu leben. „Entweder entstehen aus unserem Leben Geschichten, oder es gibt einfach keinen Weg hindurch."
Ich stimme zu. Dag auch. Wir wissen, dass wir genau aus diesem Grund unser altes Leben hinter uns gelassen haben und in die Wüste gekommen sind: Wir wollen Geschichten erzählen und aus unserem Leben Erzählungen schöpfen, die in ihrem Verlauf der Mühe wert waren.

Aus Douglas Coupland,
„Generation X":

Simulate yourself.

The sun is not your enemy.
your enemy.

ARBEITSANREGUNGEN

1. In dem Romanauszug aus „Generation X" (Seite 30 f.) versuchen die Hauptpersonen, Dag, Claire und Andy, sich mitzuteilen, wie sie den Sonnenaufgang erleben, dem sie gemeinsam zuschauen.
   a) Kopieren Sie den Text und markieren Sie in drei verschiedenen Farben die indirekten und die direkten Äußerungen der drei Personen.
   Schreiben Sie anschließend für jede der drei Personen einen inneren Monolog, der die eigenen Empfindungen festhält.
   b) Lesen Sie den Textausschnitt nun nochmals und diskutieren Sie im Kurs, ob es den drei Protagonisten gelingt, sich ihre Empfindungen mitzuteilen.
   Begründen Sie Ihre Ansicht.
2. Verfassen Sie eine parallele Szene zu der im Drama „Der Schwierige" (Seite 26–28), die heute spielt: Ein allseits umworbenes Mädchen und ein junger Mann, der vor einer Trennung steht, begegnen sich auf einer Party. Sie lieben sich, es kommt aber zu keinem Geständnis. In Ihrer Szene sollten sich verschiedene sprachliche Schichten finden lassen.

2 Sprachkritik

2.1 Friedrich Nietzsche

Friedrich Nietzsche (1844–1900), Altphilologe und Philosoph, hat das geistige Leben um die Jahrhundertwende entscheidend beeinflusst. Bereits 1873 hat er kritisiert, dass die Sprache konventionell geworden sei, dass sie die Welt nicht mehr adäquat darstellen und wahrhaftige Erkenntnisse über sie nicht mehr gewährleisten könne. Wörter, so Nietzsche, gleichen „Münzen, die auf dem Markt herumgereicht" werden (Zitat von Yvan Goll, 1919), und wie bei Münzen geht es bei Wörtern nur noch um die Funktion des Tauschens an sich; eine eigentliche tiefe Bedeutung, einen eigentlichen inhaltlichen Wert besitzen sie nicht mehr. Die Ursache dafür liegt laut Nietzsche darin, dass die Sprache zur Lüge, Verstellung, zum Täuschen, Maskiertsein und Theaterspielen verwendet worden ist und dass diese konventionell gewordene Nicht-Wahrhaftigkeit von der Sprache nicht mehr zu trennen ist.

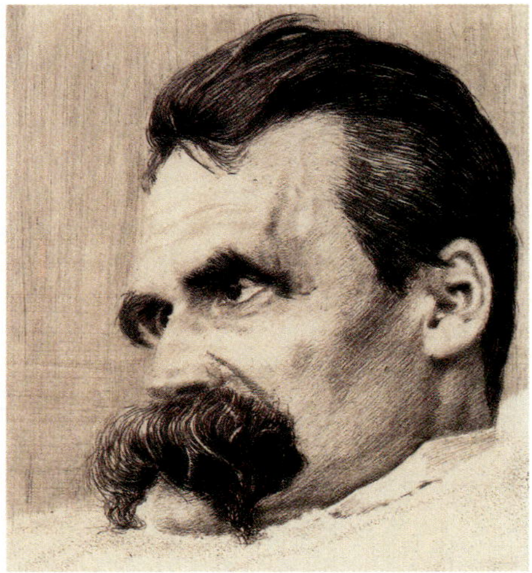

Hans Olde: Friedrich Nietzsche (1899/1900)

Friedrich Nietzsche

Über Wahrheit und Lüge im außermoralischen Sinn (1873)

Soweit das Individuum sich gegenüber andern Individuen erhalten will, benutzte es in einem natürlichen Zustand der Dinge den Intellekt zumeist nur zur Verstellung: weil aber der Mensch zugleich aus Not und Langeweile gesellschaftlich und herdenweise existieren will, braucht er einen Friedensschluss und trachtet danach, dass wenigstens das allergröbste *bellum omnium contra omnes* aus seiner Welt verschwinde. Dieser Friedensschluss bringt etwas mit sich, was wie der erste Schritt zur Erlangung jenes rätselhaften Wahrheitstriebes aussieht. Jetzt wird nämlich das fixiert, was von nun an „Wahrheit" sein soll, das heißt, es wird eine gleichmäßig gültige und verbindliche Bezeichnung der Dinge erfunden, und die Gesetzgebung der Sprache gibt auch die ersten Gesetze der Wahrheit: denn es entsteht hier zum ersten Male der Kontrast von Wahrheit und Lüge. Der Lügner gebraucht die gültigen Bezeichnungen, die Worte, um das Unwirkliche als wirklich erscheinen zu machen; er sagt z.B. „Ich bin reich", während für seinen Zustand gerade „arm" die richtige Bezeichnung wäre. Er missbraucht die festen Konventionen durch beliebige Vertauschungen oder gar Umkehrungen der Namen. Wenn er dies in eigennütziger und übrigens Schaden bringender Weise tut, so wird ihm die Gesellschaft nicht mehr trauen und ihn dadurch von sich ausschließen. Die Menschen fliehen dabei das Betrogenwerden nicht so sehr als das Beschädigtwerden durch Betrug. Sie hassen auch auf dieser Stufe im Grunde nicht die Täuschung, sondern die schlimmen, feindseligen Folgen gewisser Gattungen von Täuschungen. In einem ähnlichen beschränkten Sinne will der Mensch auch nur die Wahrheit. Er begehrt die angenehmen, Leben erhaltenden Folgen der Wahrheit, gegen die reine folgenlose Erkenntnis ist er gleichgültig, gegen die vielleicht schädlichen und zerstörenden Wahrheiten sogar feindlich gestimmt. Und überdies: Wie steht es mit jenen Konventionen der Sprache? Sind sie vielleicht Erzeugnisse der Erkenntnis, des Wahrheitssinnes: decken sich die Bezeichnungen und die Dinge? Ist die Sprache der adäquate Ausdruck aller Realitäten?

Nur durch die Vergesslichkeit kann der Mensch je dazu kommen, zu wähnen, er besitze eine Wahrheit in dem eben bezeichneten Grade. Wenn er sich nicht mit der Wahrheit in der Form der Tautologie, das heißt mit leeren Hülsen begnügen will, so wird er ewig Illusionen für Wahrheiten einhandeln. Was ist ein Wort? Die Abbildung eines Nervenreizes in Lauten. Von dem Nervenreiz aber weiterzuschließen auf eine Ursache außer uns, ist bereits das Resultat einer falschen und unberechtigten Anwendung des Satzes vom Grunde. Wie dürften wir, wenn die Wahrheit bei der Genesis der Sprache, der Gesichtspunkt der Gewissheit bei den Bezeichnungen allein entscheidend gewesen wäre, wie dürften wir doch sagen: Der Stein ist hart: als ob uns „hart" noch sonst bekannt wäre und nicht nur als eine ganz subjektive Reizung! Wir teilen die Dinge nach Geschlechtern ein, wir bezeichnen den Baum als männlich, die Pflanze als weiblich: welche willkürlichen Übertragungen! Wie weit hinausgeflogen über den Kanon der Gewissheit! Wir reden von einer Schlange: die Bezeichnung trifft nichts als das Sichwinden, könnte also auch dem Wurm zukommen. Welche willkürlichen Abgrenzungen, welche einseitigen Bevorzugungen bald der, bald jener Eigenschaft eines Dinges! Die verschiedenen Sprachen, nebeneinander gestellt, zeigen, dass es bei den Worten nie auf die Wahrheit, nie auf einen adäquaten Ausdruck ankommt: denn sonst gäbe es nicht so viele Sprachen: Das „Ding an sich" (das würde eben die reine folgenlose Wahrheit sein) ist auch dem Sprachbildner ganz unfasslich und ganz und gar nicht erstrebenswert. Er bezeichnet nur die Relationen der Dinge zu den Menschen und nimmt zu deren Ausdruck die kühnsten Metaphern zu Hilfe. Ein Nervenreiz zuerst übertragen in ein Bild! Erste Metapher. Das Bild wird nachgeformt in einem Laut! Zweite Metapher. Und jedes Mal vollständiges Überspringen der Sphäre, mitten hinein in eine ganz andere und neue. Man kann sich einen Menschen denken, der ganz taub ist und nie eine Empfindung des Tones und der Musik gehabt hat: wie dieser etwa die chladnischen Klangfiguren im Sande anstaunt, ihre Ursachen im Erzittern der Saite findet und nun darauf schwören wird, jetzt müsse er wissen, was die Menschen den „Ton" nennen, so geht es uns allen mit der Sprache. Wir glauben etwas von den Dingen selbst zu wissen, wenn wir von Bäumen, Farben, Schnee und Blumen reden, und besitzen doch nichts als Metaphern der Dinge, die den ursprünglichen Wesenheiten ganz und gar nicht entsprechen. Wie der Ton als Sandfigur, so nimmt sich das rätselhafte X des Dings an sich einmal als Nervenreiz, dann als Bild, endlich als Laut aus. Logisch geht es also jedenfalls nicht bei der Entstehung der Sprache zu, und das ganze Material, worin und womit später der Mensch der Wahrheit, der Forscher, der Philosoph arbeitet und baut, stammt, wenn nicht aus Wolkenkuckucksheim, so doch jedenfalls nicht aus dem Wesen der Dinge.

Denken wir besonders noch an die Bildung der Begriffe. Jedes Wort wird sofort dadurch Begriff, dass es eben nicht für das einmalige ganz und gar individualisierte Urerlebnis, dem es sein Entstehen verdankt, etwa als Erinnerung dienen soll, sondern zugleich für zahllose, mehr oder weniger ähnliche, das heißt streng genommen niemals gleiche, also auf lauter ungleiche Fälle passen muss. Jeder Begriff entsteht durch Gleichsetzen des Nichtgleichen. So gewiss nie ein Blatt einem andern ganz gleich ist, so gewiss ist der Begriff Blatt durch beliebiges Fallenlassen dieser individuellen Verschiedenheiten, durch ein Vergessen des Unterscheidenden gebildet und erweckt nun die Vorstellung, als ob es in der Natur außer den Blättern etwas gäbe, das „Blatt" wäre, etwa eine Urform, nach der alle Blätter gewebt, gezeichnet, abgezirkelt, gefärbt, gekräuselt, bemalt wären, aber von ungeschickten Händen, sodass kein Exemplar korrekt und zuverlässig als treues Abbild der Urform ausgefallen wäre. Wir nennen einen Menschen ehrlich; warum hat er heute so ehrlich gehandelt?, fragen wir. Unsere Antwort pflegt zu lauten: seiner Ehrlichkeit wegen. Die Ehrlichkeit! Das heißt wieder: das Blatt ist die Ursache der Blätter. Wir wissen ja gar nichts von einer wesenhaften Qualität, die „die Ehrlichkeit" hieße, wohl aber von zahlreichen individualisierten, somit ungleichen Handlungen, die wir durch Weglassen des Ungleichen gleichsetzen und jetzt als ehrliche Handlungen bezeichnen; zuletzt formulieren wir aus ihnen eine *qualitas occulta* mit dem Namen: die Ehrlichkeit.

Das Übersehen des Individuellen und Wirklichen gibt uns den Begriff, wie es uns auch die Form gibt, wohingegen die Natur keine Formen und Begriffe, also auch keine Gattungen kennt, sondern nur ein für uns unzugängliches und undefinierbares X. Denn auch unser Gegensatz von Individuum und Gattung ist anthropomorphisch und entstammt nicht dem Wesen der Dinge, wenn wir auch nicht zu sagen wagen, dass er ihm nicht entspricht: das wäre nämlich eine dogmatische Behauptung und als solche ebenso unerweislich wie ihr Gegenteil. Was ist also Wahrheit? Ein bewegliches Heer von Metaphern, Metonymien, Anthropomorphismen, kurz eine Summe von menschlichen Relationen, die, poetisch und rhetorisch gesteigert, übertragen, geschmückt wurden und die nach langem Gebrauch einem Volke fest, kanonisch und verbindlich dünken: die Wahrheiten sind Illusionen, von denen man vergessen hat, dass sie welche sind, Metaphern, die abgenutzt und sinnlich kraftlos geworden sind. Münzen, die ihr Bild verloren haben und nun als Metall, nicht mehr als Münzen in Betracht kommen.

ARBEITSANREGUNGEN

1. Gliedern Sie den Textausschnitt und fassen Sie die Aussage jedes Teils thesenhaft zusammen.
2. Welches Menschenbild steht hinter Friedrich Nietzsches Sprachkritik?
3. Definieren Sie Nietzsches Verwendung der Worte „Wahrheit", „Lüge", „Wort", „Metapher" und „Begriff".
4. Erklären Sie Nietzsches Kritik daran, dass Menschen das „Ding an sich" sprachlich nicht (mehr) erkennen und fassen können, am Beispiel des Apfel-Bilds von Magritte (Seite 6) sowie an dem Begriff „Blatt".
5. Vergleichen Sie Friedrich Nietzsches Überlegungen mit denen von Hugo von Hofmannsthals fiktivem Briefeschreiber Lord Chandos (Seite 23–24).

2.2 Fritz Mauthner

Fritz Mauthner (1849–1923) war zunächst als Schriftsteller, Feuilletonist und Kritiker tätig, bevor er sich mit leidenschaftlicher Ausschließlichkeit dem Thema „Sprache" zuwandte.
Im Jahre 1901 erschien der erste Band von Fritz Mauthners Lebenswerk, den „Beiträgen zu einer Kritik der Sprache". Seine Darstellung gleicht in manchen Passagen allerdings eher einer Hinrichtung als einer Kritik. Sprache, so ‚argumentiert' er, sei kein Kunstwerk, sondern ein Gefängnis, das den Menschen von der wirklichen Wirklichkeit trennt.

Fritz Mauthner

Eine Kritik der Sprache (1901)

Die Sprache ist die Peitsche, mit der die Menschen sich gegenseitig zur Arbeit peitschen. Jeder ist Fronvogt und jeder Fronknecht. Wer die Peitsche nicht führen und unter ihren Hieben nicht schreien will, der heißt ein stummer Hund und Verbrecher und wird beiseite geschafft. Die Sprache ist der Ziehhund, der die große Trommel in der Musikbande des Menschenheeres zieht. Die Sprache ist der Hundsaffe, der Prostituierte, der missbraucht wird für die drei großen Begierden des Menschen, der sich brüllend vor den Pflug spannt als Arbeiter für den Hunger, der sich und seine Familie verkauft als Kuppler für die Liebe, und der sich in all seiner Scheußlichkeit verhöhnen lässt als Folie für die Eitelkeit, und der schließlich noch der Luxusbegierde dient und als Zirkusaffe seine Sprünge macht, damit der Affe einen Apfel kriege und eine Kusshand und damit er selbst Künstler heiße. Die Sprache ist die große Lehrmeisterin zum Laster. Die Sprache hat die Menschheit emporgeführt bis zu der Galgenhöhe von Babylon, Paris, London und Berlin, die Sprache ist die Teufelin, die der Menschheit das Herz genommen hat und Früchte vom Baum der Erkenntnis dafür versprochen. Das Herz hat die Sprache gefressen wie eine Krebskrankheit, aber statt der Erkenntnis hat sie dem Menschen nichts geschenkt als Worte zu den Dingen, Etiketten zu leeren Flaschen, schallende Backpfeifen als Antwort auf die ewige Klage, wie andere Lehrer andere Kinder durch Schlagen zum Schweigen bringen. Erkenntnis haben die Gespenster aus dem Paradies der

Menschheit versprochen, als sie die Sprache lehrten. Die Sprache hat die Menschheit aus dem Paradies vertrieben. Hätte die Menschheit aber die Sprache lieber den Affen oder den Läusen geschenkt, so hätten die Affen oder Läuse daran zu tragen, und wir wären nicht allein krank, vergiftet, in der ungeheueren, sprachlosen heilen Natur. Wir wären dann Tiere, wie wir es hochmütig nennen in unserer protzigen Menschensprache, oder wir wären Götter, wie wir es empfinden, wenn ein Blitz uns verstummen macht oder sonst ein Wunder der sprachlosen Natur.

Fritz Mauthner, um 1900

Die Sprache ist geworden wie eine große Stadt. Kammer an Kammer, Fenster an Fenster, Wohnung an Wohnung, Haus an Haus, Straße an Straße, Viertel an Viertel, und das alles ist ineinander geschachtelt, miteinander verbunden, durcheinander geschmiert, durch Röhren und Gräben, und wenn man einen Botokuden davor stellt und ihm sagt, das sei ein Kunstwerk, so glaubt es der Esel und hat doch zu Hause die eigene Hütte, rund und frei.

Ist die Sprache aber kein Kunstwerk, so ist sie dafür bis heute die einzige Einrichtung der Gesellschaft, die wirklich schon auf sozialistischer Grundlage beruht. Zwar hat auch die Stadt wie die Sprache ihre Gasröhren, die ein vergiftetes Licht in alle Kammern treiben, die Bleiröhren, die ein verseuchtes Wasser in alle Küchen liefern, die Kanäle, die den Unrat der Million in schöner Symmetrie zu dem oberirdischen Leben munter unter der Erde weiterplätschern lassen nach neuen Gebieten der kommenden Menschheit, den Rieselfeldern. Aber Kohlendunst, Sumpfwasser und Dünger sind noch nicht überall Gemeingut. Der Steuerexekutor steht am Hahn und verlangt Geld. Da ist die Sprache eine weit lustigere Sache. Um es grell auszudrücken: In ihren verrosteten Röhren fließt durcheinander Licht und Gift, Wasser und Seuche und spritzt umsonst überall aus den Fugen, mitten unter den Menschen; die ganze Gesellschaft ist nichts als eine ungeheure Gratiswasserkunst für dieses Gemengsel, jeder Einzelne ist ein Wasserspeier, und von Mund zu Mund speit sich der trübe Quell entgegen und vermischt sich trächtig und ansteckend, aber unfruchtbar und niederträchtig, und da gibt es kein Eigentum und kein Recht und keine Macht. Die Sprache ist Gemeineigentum. Alles gehört allen, alle baden darin; alle saufen es, und alle geben es von sich.

ARBEITSANREGUNGEN

1. Wie stellt Fritz Mauthner seine Kritik der Sprache sprachlich dar? Untersuchen Sie die Bilder und Vergleiche, die Mauthner wählt, und beschreiben Sie auf der Sachebene, was gemeint ist.
2. Verzweiflung, Witz, Wut, Hass: Analysieren Sie diese emotionalen Komponenten in Mauthners Essay. Beziehen Sie sich dabei auch auf den Textausschnitt ab Zeile 53.

2.3 Karl Kraus

Karl Kraus, 1908

Ein berühmter Sprachkritiker der Zeit um die Jahrhundertwende war auch Karl Kraus. Seine Kritik an der Sprache geht jedoch *nicht* von prinzipiellen Zweifeln an der Möglichkeit einer authentischen und aufrichtigen Verständigung mittels der Sprache aus. Sein Interesse gilt dem konkreten und absichtlichen Missbrauch der Sprache aus politisch-ideologischen Gründen.
Karl Kraus wurde 1874 in Böhmen als Sohn eines jüdisch-deutschen Papierfabrikanten geboren. 1877 übersiedelte die Familie nach Wien, wo er bis zu seinem Tod lebte und arbeitete. Bereits als Schüler begann er, journalistisch zu arbeiten. Im Jahre 1899 gründete Karl Kraus „Die Fackel", eine kultur- und medienkritische Zeitschrift, die er bis zu seinem Tod herausgab. In den letzten 25 Jahren des Erscheinens schrieb er sogar fast alle Texte allein. Es erschienen insgesamt 922 Ausgaben der unabhängigen Zeitschrift, die immer wieder für Eklats sorgte. Im Jahre 1910 begann Kraus mit einer Serie von öffentlichen Vorlesungen, die er „Theater der Dichtung" nannte. Diese Vorlesungen hielt er zeitlebens.

Die Kraus kennzeichnende kritisch-aggressive Einstellung führte immer wieder zu Brüchen in seinem Leben (z. B. wechselt er 1911 vom Judentum zum Katholizismus, um 1923 auch aus der katholischen Kirche auszutreten, oder auch sein Bruch mit der Sozialdemokratie 1932, der er politisch ursprünglich sehr nahe stand), war aber auch Ursache zahlreicher polemisch geführter Auseinandersetzungen mit anderen Schriftstellern und Politikern seiner Zeit, für heftigste Feindschaften, Skandale, Gerichtsverhandlungen.

Die Szene auf den Seiten 37–40 stammt aus Karl Kraus' Antikriegsdrama „Die letzten Tage der Menschheit", entstanden zwischen 1915 und 1917, also während des Ersten Weltkriegs. Das Drama ist – mit ca. 220 Szenen und 750 verschiedenen Rollen – kein herkömmliches Theaterstück. Der Autor selbst war anfangs gegen eine Aufführung: „Der Autor hat selbst für den Fall, dass das szenische Problem lösbar wäre, nie an eine Aufführung gedacht, durch die ein Zurücktreten des geistigen Inhalts vor der stofflichen Sensation wohl unvermeidbar wäre [...] (1921, an das Deutsche Theater in Prag). Allerdings trug Kraus immer wieder auf Vorlesungen ausgewählte Passagen vor und beschäftigte sich gegen Ende der zwanziger Jahre mit einer gekürzten Fassung seines Textes. Weltweit gab es nur eine vollständige szenische Darbietung, jedoch nur als Hörspielfassung (ORF 1974). Aufführungen gekürzter Fassungen gibt es seit 1964 (Uraufführung, Burgtheater Wien) regelmäßig an verschiedenen Bühnen. Karl Kraus' „Die letzten Tage der Menschheit" wendet sich gegen die Kriegsbegeisterung seiner Heimatstadt und seines Vaterlandes, gegen alle Einzelpersonen, Gruppen und Institutionen, die diese Begeisterung weiter schüren.

> Noch nie hat es so einen stürmischen Anschluss an die Banalität gegeben und die Aufopferung der führenden Geister ist so rapid, dass der Verdacht entsteht, sie hätten kein Selbst aufzuopfern gehabt, sondern handelten vielmehr aus der heroischen Überlegung, sich dorthin zu retten, wo es am Sichersten ist: in die Phrase.

Karl Kraus in einer Vorlesung am 19. 11. 1914 in Wien

Kraus' Zorn gilt vor allem der Presse, der er eine große Mitschuld an der Begeisterung für den Krieg zuschreibt.

> Ich behaupte, dass im Krieg jeder geistige Mensch ein Hochverräter an der Menschheit war, der nicht gegen sein eigenes kriegsführendes Vaterland aufgestanden ist, mit allen Mitteln, die ihm seine geistige Natur gewährt.

Karl Kraus, in: Die Fackel 781

Kriegs-propaganda

ARBEITSANREGUNGEN

1. Karl Kraus ist ein entschiedener Kriegsgegner. Wie begründet er seine Haltung und auf welche Weise will er gegen den Krieg kämpfen?
2. Versetzen Sie sich in die Zeit des Ersten Weltkriegs; an allen Fronten toben die Kämpfe, die Menschen leiden in nie da gewesenem Ausmaß. Sie sind Reporter/Reporterin und bekommen Gelegenheit, eine namhafte Person zu interviewen, die gerade aus Feindesland zurückgekehrt ist. Was würde Sie interessieren? Diskutieren Sie im Kurs, welche Fragen Sie formulieren würden.

Karl Kraus

In russischer Gefangenschaft
(1915–1917)

Es handelt sich um einen Auszug aus dem Stück „Die letzten Tage der Menschheit“. Die Schauspielerin Elfriede Ritter ist soeben aus Russland zurückgekehrt und sie wird von drei Reportern interviewt.

14. Szene

FÜCHSL: Schildern Sie, wie Sie behandelt wurden wie eine Gefangene!

FEIGL: Geben Sie Eindrücke von Ihrem Aufenthalt fürs Abendblatt!

HALBERSTAM: Geben Sie die Stimmung von der Rückfahrt fürs Morgenblatt!

[Vor den drei Einzelsätzen der Reporter sprachen sie gemeinsam mit Elfriede Ritter.]

ALLE DREI *(durcheinander)*: Haben Sie Spuren von Nagaikas[1]? Zeigen Sie her! Wir brauchen Einzelheiten, Details. Wie war das Moskowitertum? Haben Sie Eindrücke? Sie müssen furchtbar zu leiden gehabt haben, hören Sie, Sie müssen!

1 **Nagaika:** Kosakenpeitsche

ARBEITSANREGUNGEN

1. Untersuchen Sie die Äußerungen der drei Reporter inhaltlich und sprachlich:
   - Was wollen sie eigentlich erfahren?
   - Wie gehen sie mit der Schauspielerin um?
2. Beschreiben Sie die Unterschiede zwischen Ihren Fragestellungen und den Impulsen der Reporter, und zwar sowohl inhaltlich als auch sprachlich.

FÜCHSL *(schreibend)*: Die Künstlerin erzählt, dass ihr, als sie einmal den Versuch machte, auszugehen, augenblicklich Polizeibeamte entgegenkamen, sie unter den Armen ergriffen und nach Hause schleppten, sodass sie buchstäblich das Leben einer Gefangenen geführt hat –

ELFRIEDE RITTER: Jetzt bin ich aber ernstlich böse – es ist nicht wahr, meine Herren, ich protestiere –

FÜCHSL *(schreibend)*: Sie wird ganz böse, wenn man ihre Erinnerung an diese Erlebnisse, an ihre aussichtslosen Proteste –

ELFRIEDE RITTER: Es ist nicht wahr, meine Herren!

FÜCHSL *(aufblickend)*: Nicht – wahr? Was heißt nicht wahr, wo ich jedes Wort von Ihnen mitschreib?

FEIGL: Wenn wir bringen wollen, is es nicht wahr?

HALBERSTAM: Wissen Sie, das is mir noch nicht vorgekommen. Das is intressant!

FEIGL: Sie is imstand und schick noch eine Berichtigung!

FÜCHSL: Sie, machen Sie keine Geschichten, das kann Ihnen schaden!

FEIGL: Machen Sie sich nicht unglücklich!

HALBERSTAM: Wann hat sie denn wieder eine Rolle?

FÜCHSL: Wenn ich das Samstag beim Repertoire dem Direktor erzähl, kriegt die Berger das Gretchen, das garantier ich Ihnen!

FEIGL: Das is also der Dank, wo der Fuchs Sie immer so gut behandelt hat? Sie, Sie kennen den Fuchs nicht! Wenn er hören wird, passen Sie auf, bei der nächsten Premier!

HALBERSTAM: Wolf hat sowieso einen Pick auf Sie, seit Sie damals in seinem Stück gespielt haben, das kann ich Ihnen verraten, Wolf is ohnedem sehr gegen Russland, wenn er jetzt noch hören wird, dass Sie sich über Russland nicht zu beklagen haben – er verreißt Sie auf der Stelle!

FÜCHSL: Kunststück, und Löw? Fangen Sie nichts mit Löw an, eine Schauspielerin hat sich anzupassen, da gibt's nix!

Schützengraben an der Westfront

[Auf die Reporter reagiert die Schauspielerin folgendermaßen:]

ELFRIEDE RITTER *(spricht norddeutsch, lächelnd)*: Meine Herren, ich danke für Ihr teilnahmsvolles Interesse, es ist wirklich rührend, dass mir meine lieben Wiener ihre Sympathien bewahrten. Ich danke Ihnen von Herzen, dass Sie sich sogar persönlich bemüht haben. Ich wollte ja auch gern mit Kofferauspacken warten, aber ich kann Ihnen beim besten Willen, meine Herren, nichts anderes sagen, als dass es sehr, sehr interessant war, dass mir gar nichts geschehen ist, na was denn noch, dass die Rückfahrt zwar langwierig, aber nicht im Mindesten beschwerlich war und *(schalkhaft)* dass ich mich freue, wieder in meinem lieben Wien zu sein.

HALBERSTAM: Intressant – also eine langwierige Fahrt, also sie gibt zu –

FEIGL: Beschwerlich hat sie gesagt –

FÜCHSL: Warten Sie, die Einleitung hab ich in der Redaktion geschrieben – Moment – *(schreibend)* Aus den Qualen der russischen Gefangenschaft erlöst, am Ziele der langwierigen und beschwerlichen Fahrt endlich angelangt, weinte die Künstlerin Freudentränen bei dem Bewusstsein, wieder in ihrer geliebten Wienerstadt zu sein –

ARBEITSANREGUNGEN

1. Verdeutlichen Sie die Situation des Interviews durch ein Standbild.
2. Weisen Sie nach, wie die Reporter die Mitteilungen der Schauspielerin nutzen, d. h., was sie weglassen, was sie aufgreifen und mit welchen Umdeutungen sie das Aufgegriffene wiedergeben.
3. a) Verfassen Sie den gesamten Bericht der drei Reporter über Elfriede Ritters Russlandaufenthalt, also auch die anfangs erwähnte vorher geschriebene Einleitung sowie ein mögliches Ende.
   b) Schreiben Sie eine mögliche Gegendarstellung (Berichtigung) der Künstlerin.

ELFRIEDE RITTER *(mit dem Finger drohend)*: Doktorchen, Doktorchen, das habe ich nicht gesagt, im Gegenteil, ich habe doch gesagt, dass ich mich über nichts, über gar nichts beschweren konnte –

FÜCHSL: Aha! *(schreibend)* Die Künstlerin blickt heute mit einem gewissen ironischen Gleichmut auf das Überstandene zurück –

ELFRIEDE RITTER: Ja, aber was denn – da muss ich doch sagen – nee, Doktor, ich bin empört –

FÜCHSL *(schreibend)*: Dann aber, wenn der Besucher ihrer Erinnerung nachhilft, packt sie doch wieder Empörung. In bewegten Worten schildert die Ritter, wie ihr jede Möglichkeit, sich über die ihr zuteil gewordene Behandlung zu beschweren, genommen war.

ELFRIEDE RITTER: Aber Doktor, was treiben Sie denn – ich kann doch nicht sagen –

FÜCHSL: Sie kann gar nicht sagen –

ELFRIEDE RITTER: Aber wirklich – ich kann doch nicht sagen –

HALBERSTAM: Aber gehen Sie, Sie wissen gar nicht, was man alles sagen kann! Liebe Freundin, schaun Sie her, das Publikum, verstehen Sie, will lesen. Ich sag Ihnen. Sie k ö n n e n sagen. Bei uns ja, in Russland vielleicht nicht, hier herrscht Gott sei Dank Redefreiheit, nicht so wie in Russland, hier kann man gottlob alles sagen, über die Zustände in Russland! Hat sich in Russland eine Zeitung um Sie gekümmert wie hier? No also!

Aufführung im Südbahnhotel am Semmering, 2000

FEIGL: Ritter, sind Sie vernünftig; glauben Sie, dass Ihnen ein bissl Reklam schaden wird, jetzt wo Sie wieder auftreten wern, no also!

ELFRIEDE RITTER: Aber meine Herren – ich kann doch nicht – das ist doch bei den Haaren herbeigezogen – wenn Sie es gesehn hätten – auf der Straße oder in den Ämtern – wenn ich nur Anlass zur geringsten Klage gehabt hätte, über Drangsalierungen und so, glauben Sie denn, ich würde es verschweigen?

FÜCHSL *(schreibend)*: Noch vor Erregung zitternd, schildert die Ritter, wie der Straßenmob sie bei den Haaren gezogen hat, wie sie auf die geringste Klage hin von den Ämtern drangsaliert wurde und wie sie über alle diese Erlebnisse Schweigen bewahren musste.

ELFRIEDE RITTER: Aber Doktor, Sie treiben wohl Ulk? Ich sage Ihnen doch sogar, dass die Polizeibeamten sehr entgegenkommend waren, man hat mir, wo man nur konnte, unter die Arme gegriffen, ich durfte ausgehn, wohin ich wollte, nach Hause kommen, wann ich wollte, ich versichere Ihnen, wenn ich mich auch nur ein Augenblickchen als Gefangene gefühlt hätte –

FEIGL: Dagegen kann ich Ihnen verraten, möchte es Ihnen kolossal nützen, nicht nur beim Publikum, sondern sogar bei der Presse selbst, wenn Sie in Russland misshandelt wurden.

HALBERSTAM: Überlegen Sie sich das. Sie kommen aus Berlin und haben sich rasch in die hiesigen Verhältnisse eingelebt. Hier is es Ihnen immer gut gegangen, mit offenen Armen hat man –

FÜCHSL: Ich kann Ihnen nur sagen, mit solchen Dingen is nicht zu spaßen. Eine Person soll in Russland gewesen sein und nichts zu erzählen haben von ausgestandenen Leiden, lächerlich, eine erstklassige Künstlerin! Ich sage Ihnen, es handelt sich um Ihre Existenz!

ELFRIEDE RITTER *(händeringend)*: Aber – aber – aber – Herr Redakteur – ich hab ja – geglaubt – lieber Doktor – bitte, bitte lieber Doktor – ich hab ja nur – die Wahrheit sagen wollen – entschuldigen Sie – bitte, bitte sehr –

FEIGL *(wütend)*: Die Wahrheit nennen Sie das? Und wir lügen also?

ELFRIEDE RITTER: Das heißt – pardon – ich hab nämlich – geglaubt, es sei die Wahrheit – wenn Sie aber – meine Herren – glauben – dass es – nicht die Wahrheit ist – Sie sind ja Redakteure – Sie müssen ja – das – besser verstehn. Wissen Sie – ich als Frau hab ja auch gar nicht mal so den rechten Überblick, nich wahr? Mein Gott

– Sie verstehn – es ist doch Krieg – unsereins ist so verschüchtert – man ist so froh, wenn man nur mit heiler Haut aus Feindesland –

HALBERSTAM: No sehn Sie, wenn Sie sich erinnern nach und nach –

ELFRIEDE RITTER: Ach Doktorchen natürlich. Wissen Sie, die erste freudige Aufwallung, wieder in eurem geliebten Wien zu sein – man sieht dann alles rosiger, was man überstanden hat, für'n Momentchen nur, versteht sich – dann aber – fasst einen wieder Wut und Erbitterung –

HALBERSTAM: No also, sehn Sie, wir haben vom ersten Moment gewusst, Sie wern –

FÜCHSL *(schreibt)*: Wut und Erbitterung fasst noch heute die Künstlerin, wenn sie der ausgestandenen Martern gedenkt und sobald die erste freudige Aufwallung, wieder in der Metropole zu sein, den bösen Erinnerungen Platz gemacht hat – *(sich zu ihr wendend)* No, is das jetzt wahr?

ELFRIEDE RITTER: Ja, meine Herren, das ist die Wahrheit – wissen Sie, ich war noch so unter dem Eindruck – man ist so eingeschüchtert, so –

FÜCHSL: Warten Sie – *(schreibend)* Noch ganz verschüchtert, wagt sie es nicht, davon zu sprechen. Im Lande der Freiheit erliegt sie noch immer zeitweise der Suggestion, in Russland zu sein, dort, wo sie den Verzicht auf die Rechte der Persönlichkeit, freie Meinung und freie Rede, so schimpflich fühlen musste. *(Sich zu ihr wendend)* No, ist das jetzt wahr?

ELFRIEDE RITTER: Nee, Doktor, wie Sie die geheimsten Empfindungen –

FÜCHSL: No sehn Sie!

HALBERSTAM: No also, sie gibt zu, sie hat gelitten –

FEIGL: Sie hat ausgestanden!

FÜCHSL: Was heißt ausgestanden? Wahre Martern hat sie durchgemacht!

HALBERSTAM: Also was brauchen wir da weiter, gehen wir, wir sind doch nicht zu unserm Vergnügen da –

FÜCHSL: Selbstredend, den Schluss mach ich in der Redaktion. Also – eine Berichtigung haben wir nicht zu befürchten? Das hätte noch gefehlt!

ELFRIEDE RITTER: Aber Doktor! – Na, charmant war's, dass Sie mich besucht haben. Kommt doch bald wieder – Adieu, adieu. *(Hinausrufend)* Grete! Grete!

FEIGL: Sie is wirklich eine vernünftige Person. Grüß Ihnen Gott, Freilein. *(Im Abgehen zu den andern)* Sie hat das Ärgste überstanden und sie hat nicht den Mut, es jemandem zu sagen – nebbich!

(Elfriede Ritter sinkt auf einen Stuhl und erhebt sich dann, um den Koffer auszupacken.)

ARBEITSANREGUNGEN

1. Stellen Sie dar, wie und warum Elfriede Ritter den Begriff „Wahrheit" neu definiert.
2. Stellen Sie mithilfe der folgenden Tabelle die sprachlichen und inhaltlichen Strategien zusammen, mit denen Feigl, Füchsl und Halberstam Elfriede Ritter zu dieser Neudefinition veranlassen.

Zitat	*das „Gesagte"*	*das „Gemeinte"*
… das kann Ihnen schaden!		
Machen Sie sich nicht unglücklich!		
Wann hat sie denn wieder eine Rolle?		
Wenn ich das … dem Direktor erzähl, kriegt die Berger das Gretchen, das garantiere ich Ihnen.		
…		

2.4 Sprache als Thema im Gedicht

Rainer Maria Rilke

Menschen bei Nacht

Die Nächte sind nicht für die Menge gemacht.
Von deinem Nachbar trennt dich die Nacht,
und du sollst ihn nicht suchen trotzdem.
Und machst du nachts deine Stube licht,
um Menschen zu schauen ins Angesicht,
so musst du bedenken: wem.

Die Menschen sind furchtbar vom Licht entstellt,
das von ihren Gesichtern träuft,
und haben sie nachts sich zusammengesellt,
so schaust du eine wankende Welt
durcheinander gehäuft.
Auf ihren Stirnen hat gelber Schein
alle Gedanken verdrängt,
in ihren Blicken flackert der Wein,
an ihren Händen hängt
die schwere Gebärde, mit der sie sich
bei ihren Gesprächen verstehn;
und dabei sagen sie: *Ich* und *Ich*
und meinen: Irgendwen.

Friedrich Nietzsche

DAS WORT

Lebendgem Worte bin ich gut:
das springt heran so wohlgemut,
das grüßt mit artigem Genick,
ist lieblich selbst im Ungeschick,
hat Blut in sich, kann herzhaft schnauben,
kriecht dann zum Ohre selbst dem Tauben,
und ringelt sich und flattert jetzt
und was es tut – das Wort ergetzt.
Doch bleibt das Wort ein zartes Wesen,
bald krank und aber bald genesen.
Willst ihm sein kleines Leben lassen,
musst du es leicht und zierlich fassen,
nicht plump betasten und bedrücken,
es stirbt oft schon an bösen Blicken –
und liegt dann da, so ungestalt,
so seelenlos, so arm und kalt,
sein kleiner Leichnam arg verwandelt,
von Tod und Sterben missgehandelt.
Ein totes Wort – ein hässlich Ding,
ein klapperdürres Kling-Kling-Kling.
Pfui allen hässlichen Gewerben,
an denen Wort und Wörtchen sterben!

Stefan George

Das Wort

Wunder von ferne oder traum
Bracht ich an meines landes saum

Und harrte bis die graue norn
Den narren fand in ihrem born –

Drauf konnt ich's greifen dicht und stark
Nun blüht und glänzt es durch die mark

Einst langt ich an nach guter fahrt
Mit einem kleinod reich und zart

Sie suchte lang und gab mir kund:
›So schläft hier nichts auf tiefem grund‹

Worauf es meiner hand entrann
Und nie mein land den schatz gewann …

So lernt ich traurig den verzicht:
Kein ding sei wo das wort gebricht.

George Grosz (1893–1959), Die Straße, 1915

Manuel Machado
Der schwarze Garten

Nacht ist es. Das unermessliche
Wort heißt Schweigen …
Zwischen den Bäumen schwebt
ein tiefes Geheimnis …
Der Klang, entschlafen,
die Farbe, verstorben.
Der Brunnen tost,
und das Echo, stumm.

Erinnerst du dich? … Umsonst
suchten wir zu wissen …
Wie seltsam! Wie düster!
Es sträubt sich mein Innerstes
noch heute, wenn – wie eben –
die Erinnerung vorbeihuscht,
gleichsam als hätte mich
jetzt flüchtig gestreift
der haarige Flügel
einer grässlichen Fledermaus …
Komm, Geliebte! Neige

deine Stirn mir auf die Brust,
lass uns die Augen schließen;
hören wir nicht hin, verharren wir stumm …
wie die Kinder,
zitternd vor Furcht!
Der Mond erscheint
durch Wolken brechend …
Der Mond und die Statue
küssen sich lechzend.

Kurt Schwitters (1887–1948),
Ich müsste, du müsstest, er müsste, 1919

Hugo von Hofmannsthal
WELTGEHEIMNIS

Der tiefe Brunnen weiß es wohl,
Einst waren alle tief und stumm,
Und alle wussten drum.

Wie Zauberworte, nachgelallt
Und nicht begriffen in den Grund,
So geht es jetzt von Mund zu Mund.

Der tiefe Brunnen weiß es wohl;
In den gebückt, begriffs ein Mann,
Begriff es und verlor es dann.

Und redet' irr und sang ein Lied –
Auf dessen dunklen Spiegel bückt
Sich einst ein Kind und wird entrückt.

Und wächst und weiß nichts von sich selbst
Und wird ein Weib, das einer liebt
Und – wunderbar, wie Liebe gibt!

Wie Liebe tiefe Kunde gibt! –
Der wird an Dinge, dumpf geahnt,
In ihren Küssen tief gemahnt …

In unsern Worten liegt es drin,
So tritt des Bettlers Fuß den Kies,
Der eines Edelsteins Verlies.

Der tiefe Brunnen weiß es wohl,
Einst aber wussten alle drum,
Nun zuckt im Kreis ein Traum herum.

Franz Werfel

DER MENSCH IST STUMM

Ich habe dir den Abschiedskuss gegeben
Und klammre mich nervös an deine Hand.
Schon mahn ich dich, auf dies und jenes Acht zu geben.
Der Mensch ist stumm.

Will denn der Zug, der Zug nicht endlich pfeifen?
Mir ist, als dürfte ich dich nie mehr wiedersehn.
Ich rede runde Sätze, ohne zu begreifen …
Der Mensch ist stumm.

Ich weiß, wenn ich dich nicht mehr hätte,
Das wär der Tod, der Tod, der Tod!
Und dennoch möcht ich fliehn. Gott, eine Zigarette!
Der Mensch ist stumm.

Dahin! Jetzt auf der Straße würgt mich Weinen.
Verwundert blicke ich mich um.
Denn auch das Weinen sagt nicht, was wir meinen.
Der Mensch ist stumm.

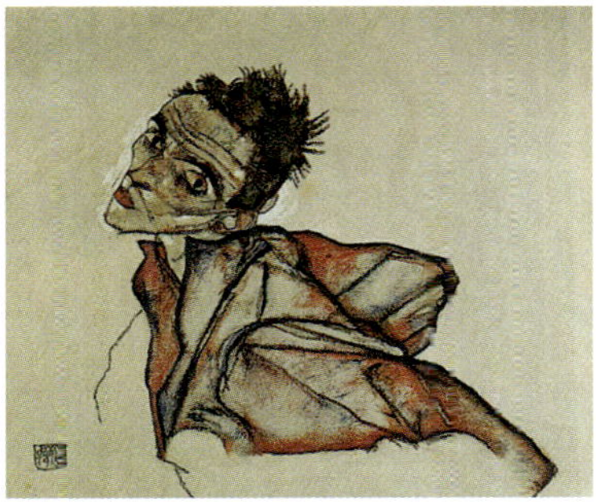

Egon Schiele (1890–1918), Selbstbildnis, 1915

Hugo von Hofmannsthal

Frage

Merkst du denn nicht, wie meine Lippen beben?
Kannst du nicht lesen diese bleichen Züge,
Nicht fühlen, dass mein Lächeln Qual und Lüge,
Wenn meine Blicke forschend dich umschweben?

Sehnst du dich nicht nach einem Hauch von Leben,
Nach einem heißen Arm, dich fortzutragen
Aus diesem Sumpf von öden, leeren Tagen,
Um den die bleichen, irren Lichter weben?

So las ich falsch in deinem Aug, dem tiefen?
Kein heimlich Sehnen sah ich heiß dort funkeln?
Es birgt zu deiner Seele keine Pforte.

Dein feuchter Blick? Die Wünsche, die dort schliefen,
Wie stille Rosen in der Flut, der dunkeln,
Sind wie dein Plaudern: seellos … Worte, Worte?

Oskar Baum

Gespenster

Der Tag ist tot: Wir sitzen bang,
Als sei ein Mörder unter uns,
Und durch die dumpfe Stille tönt
Ein naher, leiser Quellensang.

Wir sitzen um den Gartentisch,
Wir Freunde sind uns lang schon gut,
Die Luft ist müd – und mancher denkt:
„Was jetzt der andern Seele tut?"

In stummer Runde fühlen wir,
Wie fremd uns auch der Liebste bleibt,
Und fröstelnd ist das Grauen hier.
Wer spricht das Wort, das es vertreibt?!

Jiři Wolker

Die Dinge

Ich liebe die Dinge, die verschwiegnen Gefährten;
weil alle sie schlecht behandeln,
als lebten sie nicht,
aber sie leben und schaun aus treuem Hundegesicht
uns aufmerksam an
und leiden,
weil kein Mensch zu ihnen spricht.
Sie scheuen sich anzufangen, zaudern,
schweigen, warten, schweigen,
aber sie sehnen sich danach,
sich ein wenig auszuplaudern.

Darum lieben die Dinge
und sie lieben die ganze Welt.

Georges Braque (1882–1963), Die Violine, 1912

Paul Eluard

Das Wort

Ich bin von müheloser Schönheit und das ist gut.
Ich gleite über das Dach der Winde
ich gleite über das Dach der Meere
ich bin empfindsam geworden
ich kenne den Lenker nicht mehr
ich bin reglos Seide über dem Eis
ich bin kränklich Blumen und Kiesel
ich liebe das Seltsamste bis in den Himmel
ich liebe die Nackteste verirrt wie ein Vogel
ich bin gealtert aber hier bin ich schön
und der sinkende Schatten aus tiefen Fenstern
verschont jeden Abend das schwarze Herz meiner Augen.

ARBEITSANREGUNGEN

1. Benennen Sie das Problem mit der Sprache, das in den Gedichten jeweils zum Ausdruck kommt.
2. Welches der Gedichte passt Ihrer Ansicht nach inhaltlich am besten zu
   - Arthur Schnitzler: *Die Frage an das Schicksal*
   - Hugo von Hofmannsthal: *Ein Brief*
   - Hugo von Hofmannsthal: *Der Schwierige*
   - Friedrich Nietzsche: *Über Wahrheit und Lüge im außermoralischen Sinn*?
3. Analysieren und interpretieren Sie eines der Gedichte.
4. a) Suchen Sie in Lyrik-Anthologien Gedichte aus späteren Jahren, die sich mit dem Thema „Sprache" befassen.
   b) Stellen Sie diese Gedichte im Kurs vor und erläutern Sie deren Aussage.

Tipp Einschlägige Gedichte gibt es beispielsweise von Sarah Kirsch, Gerhard Rühm, Kurt Schwitters, Rainer Maria Rilke, Gottfried Benn oder auch Ernst Jandl.

3 „Verlorene Worte – lebende Bilder“: Medienwende

3.1 Synthese und Synästhesie: Auswege aus der Sprachkrise

Buchgestaltung von Heinrich Vogeler (1900)

Die Teilkapitel B 1 ▷ Sprachskepsis und Sprachkrise und B 2 ▷ Sprachkritik haben deutlich werden lassen, welche Not und Verzweiflung Autoren und Autorinnen infolge der umfassenden Erfahrung empfanden, dass das Medium Sprache bei der Verständigung versagte und dass Erkenntnisse und Bilder sprachlich nur sehr begrenzt zu vermitteln sind. Schriftsteller und Schriftstellerinnen überlegten mit Skepsis, ob Dichtung Bilder *direkt* vermitteln könne wie die Malerei oder ob sie Gefühle direkt zu evozieren, an das Unbewusste *direkt* zu appellieren vermag wie die Musik. Was Dichtung „sagen“ und „erzählen“ will, kann sie nur *indirekt* mittels Zeichen – und an deren unmittelbarer Wirkkraft wurde gezweifelt.
Einen Ausweg schien zunächst die Synthese zwischen Literatur/Sprache/Wort und anderen Künsten, der Malerei/Grafik und der Musik zu bieten, wofür die folgenden Bilder einige Beispiele geben.
Zunächst wurde – übrigens in Gesamteuropa – um das Jahr 1900 herum das Buch selbst zum „Gesamtkunstwerk“. Dabei ging es um die Produktion inhaltlich und ästhetisch wertvoller Bücher, wobei alle Elemente miteinander ins Spiel kommen sollten: die Wahl des Papiers, die Schrift/Typografie, der Druck, die Illustration und Ornamente, die Buchbindung und der Einband. Illustrationen und Ornamentik galten nicht mehr, wie früher, lediglich als schmückendes deskriptives Beiwerk, sondern sollten in einer Synthese zum Text die Bedeutungen hinter dem Zeichen, dem Wort freilegen: „Illustration als Klangspiel“.

Lovis Corinth: Lithografie zu dem Libretto von Hugo von Hofmannsthal zu Richard Strauss' Oper „Elektra“

Gesamtkunstwerke wurden auch Theateraufführungen; vor allem aber müssen Oper und Film, die Visuelles und Akustisches verbinden, als neue synästhetische Kunstformen angeführt werden.

Edvard Munch: Szenenentwurf zu dem Drama „Gespenster“ von Henrik Ibsen (1906)

Hugo von Hofmannsthal
Der Ersatz für die Träume
(1921)

Was die Leute im Kino suchen, sagte mein Freund, mit dem ich auf dieses Thema kam, was alle die arbeitenden Leute im Kino suchen, ist der Ersatz für die Träume. Sie wollen ihre Fantasie mit Bildern füllen, starken Bildern, in denen sich Lebensessenz zusammenfasst; die gleichsam aus dem Innern des Schauenden gebildet sind und ihm an die Nieren gehen. Denn solche Bilder bleibt ihnen das Leben schuldig. [...] Ihre Köpfe sind leer, nicht von Natur aus, eher durch das Leben, das die Gesellschaft sie zu führen zwingt. Da sind diese Anhäufungen von kohlengeschwärzten Industrieorten, mit nichts als einem Streifchen von verdorrtem Wiesengras zwischen ihnen, und den Kindern, die da aufwachsen, von denen unter sechstausend nicht eines im Leben eine Eule gesehen hatte oder ein Eichhörnchen oder eine Quelle, da sind unsere Städte, diese endlosen einander durchkreuzenden Häuserzeilen; die Häuser sehen einander ähnlich, sie haben eine kleine Tür und Streifen von gleichförmigen Fenstern, unten sind die Läden; nichts redet zu dem, der vorüberkommt, oder der ein Haus sucht: Das Einzige, was spricht, ist die Nummer. [...] Davor flüchten sie zu unzähligen Hunderttausenden in den finsteren Saal mit den beweglichen Bildern. Dass diese Bilder stumm sind, ist ein Reiz mehr; sie sind stumm wie Träume. Und im Tiefsten, ohne es zu wissen, fürchten diese Leute die Sprache; sie fürchten in der Sprache das Werkzeug der Gesellschaft.

Filmplakat „Das fremde Mädchen“ (1913) nach Hugo von Hofmannsthal

ARBEITSANREGUNGEN

1. Auf den Seiten 45–46 finden Sie Beispiele für die Zusammenarbeit verschiedener Künste bzw. Künstler. Tragen Sie Beispiele aus der Gegenwart zusammen, die ebenfalls in einer solchen Zusammenarbeit entstanden sind.
2. Hugo von Hofmannsthal setzt sich mit der Funktion auseinander, die das frühe Kino für die Zeitgenossen hatte.
   a) Erläutern Sie, welche Bevölkerungsschicht das frühe Kino besuchte und wie Hugo von Hofmannsthal deren Verhältnis zur Sprache einschätzt.
   b) Vergleichen Sie Hofmannsthals Aussagen zur Wirkung von Wort und Bild mit seiner Darstellung in dem Text „Ein Brief“ (Seite 23–24).
   c) Erläutern Sie die Aussage der letzten beiden Sätze.
   Entwickeln Sie dazu ein Schaubild, in dem Sie Bereiche und Funktionen von „Stummheit“ und „Sprache“ in Beziehung zueinander setzen.

3.2 „Unwirkliche Wirklichkeit“: Kinematografie

Als die Brüder Auguste und Louis Lumière 1895 mit „L'arrivée d'un train“ den ersten Film der Filmgeschichte der Öffentlichkeit vorführten, hatte dies eine ungeheuer suggestive Kraft auf das Publikum. Augenzeugen berichteten von Angstgeschrei und Flucht aus dem Kino, als der Zug auf die Zuschauer „zu fuhr“. Die Bewegung der Bilder des neuen Mediums „Kinematografie“ (griech.: Bewegungsschreibung) wirkte so lebensnah, dass man die Grenzen von Wahrnehmung und Wirklichkeit schwinden sah. Abbild und Realität schienen in der „lebenden Fotografie“ endgültig miteinander zu verschwimmen.

Auguste und Louis Lumière: Szenenfoto und Ankündigung „L'arrivée d'un train“, 1895

Neue Bilder. **Kinematograph Lumière,** Neue Bilder.

Augustinerplatz 12,

gegenüber dem Bismarck-Denkmal.

Lebende Photographieen.

Das Seebad. — Um Kölner Dom nach dem Hauptgottesdienst. — Zankende Kinder. — Eine Maschinenfabrik. — Eine Gartenscene. — Ankunft eines Eisenbahnzuges auf dem Kölner Bahnhofe. — Die einstürzende Mauer. — Ein politischer Zank. — Ein Se[illegible]. — Feierabend einer Kölner Fabrik.

Täglich geöffnet: Morgens von 11—$12\frac{3}{4}$ Uhr; nachmittags $2\frac{1}{2}$—$9\frac{1}{4}$ Uhr.

Beginnend mit halben und ganzen Stunden.

Eintrittskarte 50 Pfg. Reservirte Pläze 1 Mark.

Kinder in Begleitung von Erwachsenen die Hälfte.

Kölner Stadtanzeiger, 31. 5. 1896

„Die Lokomotive verschwindet geräuschlos über den Rand des Bildes, der Zug hält an und graue Figuren steigen schweigend aus den Waggons, lautlos begrüßen sie sich, schweigend lachen sie, unhörbar gehen, laufen, hasten sie, aufgeregt hin und her.“

Maxim Gorki über „L'arrivée d'un train“ der Brüder Lumière (1896)

Neben den Brüdern Lumière war der Zauberkünstler, Theaterbesitzer und Zeichner George Méliès einer der „Väter“ des Kinos. Er wollte Wirklichkeit weniger abfilmen als vielmehr gestalten. In seinem Film „Die Reise zum Mond“, in dem er eine Expedition ins Weltall schickt, experimentiert er als Erster der Filmgeschichte mit Manipulationsmöglichkeiten des Filmmaterials wie Doppelbelichtung, Zeitraffer und Veränderungen der Blende. Wie bei den Lumières steht die Kamera aber auch bei ihm noch still und filmt das Geschehen auf einer Illusionsbühne ab, die ihrerseits Tricks wie Fallklappen, unsichtbare Seile und Attrappen bietet.

George Méliès: „Le voyage dans la lune“, 1902
(Plakat, Szenenfotos und die für den Film genutzte Bühnenmechanik)

Kino der Gegenwart

DOGMA 95

Gegründet 1995 in Kopenhagen, als „Rettungsaktion, um bestimmten Tendenzen im modernen Kino entgegenzuwirken“. Dogma 95 bekämpft das Autoren-Konzept, Maske, Illusionen und dramaturgische Vorhersehbarkeit. Dogma 95 wünscht, Film so zu reinigen, dass wieder „das Innenleben der Figuren den Plot rechtfertigt“. Die ersten der vier dänischen Regisseure, die den „Schwur der Keuschheit“ von Dogma 95 ablegten, waren Lars von Trier und Thomas Vinterberg.

Der Schwur der Keuschheit

1. Es darf nur am Schauplatz gedreht werden. Sets und Requisiten sind verboten. (Wenn eine besondere Requisite für die Geschichte notwendig ist, muss ein Drehort gefunden werden, an dem die Requisite vorhanden ist.)
2. Der Ton darf niemals unabhängig von den Bildern produziert werden oder umgekehrt. (Musik darf nur dann verwendet werden, wenn sie dort gespielt wird, wo die jeweilige Szene gedreht wird).
3. Es wird ausschließlich mit Handkamera gedreht. Jede Bewegung oder Bewegungslosigkeit, die mit der Hand erreicht werden kann, ist erlaubt.
4. Der Film muss in Farbe gedreht werden. Spezielle Belichtung wird nicht akzeptiert. (Wenn zu wenig Licht zur Verfügung steht, muss die Szene geschnitten werden oder eine einzelne Lampe an der Kamera angebracht werden.)
5. Optische „Spielereien“ und Filter sind verboten.
6. Der Film darf keine oberflächliche Action beinhalten.

Filmplakate zu „Tomb Raider“ und „Toy Story“

ARBEITSANREGUNGEN

1. Untersuchen Sie die Fotos und die Ankündigungen der Filme von den Brüdern Lumière (Seite 47) und von George Méliès (Seite 48). Welche Genres lassen sich im frühen Film unterscheiden?
2. Informieren Sie sich über den Stilpluralismus in Literatur und Kunst um die Jahrhundertwende. In welchem Verhältnis stehen die frühen Stiltendenzen des Films hierzu?
3. Tauschen Sie sich über aktuelle Kinofilme und ihr Genre aus (Lassen Sie sich dazu z. B. von dem Dogma-Manifest auf Seite 48 und von den Abbildungen oben sowie auf Seite 59 anregen)! Sind die im frühen Kino zugrunde gelegten Stilrichtungen des Kinos Ihrer Meinung nach heute noch aktuell?

Die ersten Filme wurden von reisenden Schaustellern in Jahrmarktkinos gemeinsam mit anderen Kuriositäten vorgeführt. Die Projektionen dauerten nicht länger als eine Minute, sodass immer mehrere solcher kurzen Filmszenen hintereinander gezeigt wurden.
Im Laufe der Zeit setzte sich der Film immer mehr als neues kulturelles Medium durch. Mit der Gründung ortsfester Kinos um 1905 wurden die Filme abendfüllend: Neben die kurzen dokumentarischen und experimentellen Streifen traten zusehends fiktive erzählerische Spielfilme von mehreren Stunden Länge (z. B. „Quo vadis?“ von 1913). Sehr beliebt waren aber auch schnell produzierte Serienfilme und Filme, die dem Publikumsbedürfnis nach moralisch konventionellen und melodramatischen Szenen nachkamen.
Alle Filme blieben, bis die Tonfilmtechnik Ende der 1920er Jahre entwickelt wurde, stumm. Die tonlos produzierten Streifen wurden von so genannten Erklärern, die während der Filmvorführung vor dem Publikum die einzelnen Szenen mit kommentierenden Worten in einen Zusammenhang brachten, und von Klavier- oder Orchestermusik begleitet.

Erstes ortsfestes Kino, Berlin, um 1920

Ulrich Rauscher

Kintopp (1912)

Ich war noch in drei anderen Kintopps, überall Erklärer, überall Männer mit Weibern im Arm und Schlagringen in der Tasche, überall ganz junge Burschen trotz dem Polizeiverbot, überall die harmlosen Films, bei denen unsereiner gähnt und ein tremolierender Erklärer Untergründe und Konsequenzen von aufrührerischer Verlogenheit schafft […]. Ganz gleich vor allem war die wortlose Andacht, die Gier auf diese schattenhaften Vorgänge, das sofortige, unbedingte Sich-zu-Eigen-Machen des Gesehenen von Seiten der Hörer. Dieses gewalttätige, von keiner Regung gehemmte Geschlecht sitzt gläubig vor diesen neuen Offenbarungen, die jedem Einzelnen sein Schicksal spielen. „Wer Krawall macht, fliegt heraus“, schreit der Kinobesitzer mitten im Stück, „Ick kann nischt sehen“, brüllt einer zurück. „Dann halten Se wenigstens das Maul“, dekretiert der Besitzer, und der Rowdie hält es, um nicht vor die Tür dieses Paradieses gesetzt zu werden, er duckt sich und sucht zu sehen, die Bilder zu sehen, bei denen man die Kälte der wartenden Straße, den Hunger, die Müdigkeit vergisst, die von den Reichen und all ihrer Pracht erzählen und die beseligende, brennende, berauschende Botschaft bringen von dem frevelnden Unrecht, das über ihm hängt und das er einst rächen wird.

Pathé frères. Kinematographen und Films. Berlin W. 8
Friedrichstr. 191. Eingang Kronenstr. 14

8. Serie.

Dramatische und realistische Szenen

8548
Telegr.-Code: Folfoie

Der galante Gardist

Länge 175 m — **Preis Mk. 175.-**

(Preiserhöhung für Virage Mk. 15.-)

Beim Trinken und Spielen bewundern französische Gardisten eine anmutige, junge Zigeunerin, die für sie tanzt.

Der eine der Soldaten erhebt sich und flüstert dem jungen Mädchen etwas ins Ohr, worauf Letztere ihn lächelnd ansieht, und beide junge Leute entfernen sich von den anderen Arm in Arm.

Zwei Strolche haben den Vorgang beobachtet; sie schleichen hinter dem Paare her und überfallen den Soldaten. Dieser wehrt sich jedoch und tötet einen seiner Angreifer. Der andere Strolch eilt zur Patrouille und klagt den Soldaten an, seinen Freund ermordet zu haben.

Der Gardist wird vor ein Kriegsgericht gestellt und zum Tode verurteilt. Die Zigeunerin sieht, wie ihr Freund abgeführt wird; sie verschafft sich gewaltsamen Zutritt zum Gericht und erklärt dem Richter das Drama, das sich ihretwegen abgespielt hat. Der Richter verfügt nunmehr die Freilassung des Verurteilten, und die Zigeunerin kommt gerade noch rechtzeitig auf dem Platze an um die Exekution zu verhindern.

Man verlange Siebdruckplakate 126 × 180
pro Stück 0,50 Mk.

Filmankündigung: „Der galante Gardist“

1896: Jahrmarktskino auf der Dresdener Vogelwiese

VON HEINRICH OHR

Das Innere des Zeltes war primitiv, nicht einmal Sitzplätze waren vorhanden. Man stand vor einer straff gespannten weißen Leinwand. Es wurde ganz dunkel, und der erste Film, den ich sah, war so etwas wie „Tanzende Indianer“[1]. Es flimmerte sehr stark. Das Publikum war sehr erstaunt, wusste aber nicht recht, was es zu dieser „Sensation“ sagen sollte! Jedenfalls machte der Unternehmer zur Vogelwiese kein gutes Geschäft.

1 Anmerkung: Tatsächlich handelte es sich wohl um einen um 1896 aktuellen Film über tanzende Bären!

Filmkurier, 23. 6. 1937

Jakob van Hoddis

Kinematograph (1912)

Der Saal wird dunkel. Und wir sehn die Schnellen
Der Ganga[1], Palmen, Tempel auch des Brahma[2],
Ein lautlos tobendes Familiendrama
Mit Lebemännern dann und Maskenbällen.

Man zückt Revolver. Eifersucht wird rege,
Herr Piefke[3] duelliert sich ohne Kopf,
Dann zeigt man uns mit Kiepe und mit Kropf
Die Älplerin auf mächtig steilem Wege.

Es zieht ihr Pfad sich bald durch Lärchenwälder,
Bald krümmt er sich und dräuend steigt die schiefe
Felswand empor. Die Aussicht in der Tiefe
Beleben Kühe und Kartoffelfelder.

Und in den dunklen Raum – mir ins Gesicht –
Flirrt das hinein, entsetzlich! nach der Reihe!
Die Bogenlampe zischt zum Schluss nach Licht –
Wir schieben geil und gähnend uns ins Freie.

1 **Ganga:** Ganges, indischer Fluss

2 **Brahma:** indischer Gott

3 **Herr Piefke:** regional gebräuchliche Bezeichnung für Dummkopf, Angeber; also abwertend gemeint

Kölner Stadtanzeiger, 13. 5. 1911

Mittwoch, 30. Oktober 1912 · Stadt-Anzeiger ◦ Abend-Ausgabe · Nr. 535 ◦ Erstes Blatt

Modernes Theater

Kunst=Licht=Spiele

21 Breite Straße 21 Köln Fernspr. Amt A 7121

ca. 1400 Personen fassend.

Eröffnung

Donnerstag, den 31. Oktober, nachmittags Punkt 5 Uhr

Einlaß 4½ Uhr.

Unter Aufwendung von vielen **Mühen** und **Kosten** ist es der Direktion des Modernen Theaters gelungen

Fräulein Henny Porten

die größte und beliebteste deutsche Kinodarstellerin, zu gewinnen, und wird dieselbe **persönlich** den Eröffnungs-Prolog sprechen.

Die Eröffnung des Modernen Theaters
ist deshalb eine noch nie dagewesene Sensation!

Welche Vorzüge bietet das Moderne Theater sonst noch?

1. Die Vorführung der Films geschieht mit den neuesten, technisch vollkommensten und gänzlich geräuschlos arbeitenden Maschinen.
2. Das Programm ist ganz erstklassig und reichhaltig und in einer für Köln ganz neuen Zusammenstellung.
3. Die Musik übertrifft alles bisher Gebotene und setzt sich aus **20** erstklassigen Künstlern zusammen, welche unter Leitung des Musikdirektors Franz Münstedt (langjähriger Kapellmeister des Königlichen Kurorchesters zu Norderney) stehen.

Als Solisten sind verpflichtet:
Harfen-Virtuose **Martin Claas**
I. Konzertmeister **Albert Wagner.**

4. Einen Theaterraum, welcher in bezug auf künstlerische Ausschmückung und Luftverhältnisse einzig dasteht; es wird nämlich durch große geräuschlos arbeitende Ventilatoren die Luft stündlich fünf mal komplett gewechselt.
5. Die Bestuhlung ist die denkbar bequemste und für Köln auch ganz neue, indem jeder Sitz eine Breite von 60cm hat.

Trotz allen diesen Vorzügen sind die **Preise** im Modernen Theater **nicht höher.**

Preise der Plätze

inklusive Billettsteuer:

3. Parkett	0.40	Balkon	1.20
2. Parkett	0.60	Seitenloge	1.50
1. Parkett	1.00	Mittelloge	2.00
Militär u. Kinder	0.30	Fremdenloge	3.00

Kölner Stadtanzeiger, 30. 10. 1912

ARBEITSANREGUNGEN

1. Sehen Sie sich einen Stummfilm an und vergleichen Sie Ihre Eindrücke mit denen der zeitgenössischen Rezipienten (Ulrich Rauscher, Seite 50, und Jakob von Hoddis, Seite 51).
2. Untersuchen Sie anhand der Texte und der Filmankündigungen auf den Seiten 47–52:
   - Inhalte, Formen und Technik des neuen Mediums
   - Entwicklung des Kinos in den ersten Jahren
3. a) Schreiben Sie eine Glosse, in der Sie die Atmosphäre eines heutigen Kinobesuchs entfalten.
   b) Vergleichen Sie Ihre Ergebnisse mit der Stimmung einer Filmvorführung der ersten Jahre.
4. Untersuchen Sie die Selbstdarstellung der Kinos in den Filmankündigungen vergleichend mit der aktuellen Kinowerbung in Printmedien und im Internet.
5. Welche Funktion erfüllen heutige „Multiplex“-Kinos?
6. Wie erklären Sie sich, dass heute so genannte „Stummfilmnächte“ mit historischer Vorführpraxis sehr beliebt sind?

3.3 „Illusionsmaschine“, „Traumfabrik“ und „Kulturschock“: die Kinodebatte

Hatten bisher Buch und Theater die kulturelle Hoheit, so drohte das Kino der 1910er und 20er Jahre diese zu erschüttern. Es zog nicht nur das großstädtische proletarische Massenpublikum an, das sich bisher im Varieté an Trivialitäten und Kuriosem vergnügte, sondern bald auch das mittlere Bildungsbürgertum und sogar die gebildete Elite rund um Theater und Oper. In den literarischen Zeitschriften entbrannte eine breite, kontroverse öffentliche Diskussion über das Verhältnis von Literatur und Film zwischen Anpassung und Konkurrenz, an der sich namhafte Autoren beteiligten: die so genannte Kinodebatte. Die Literatur suchte sich vom neuen Medium Stummfilm abzugrenzen, musste sich aber auch in ästhetischer, gesellschaftlicher und psychologischer Hinsicht ihrer eigenen Funktion vergewissern.

> Betritt man das Kino, so gibt man außer Hut und Stock vor allem Gehirn und Erfahrung in der Garderobe ab.
>
> *Carl Einstein*
> *Die Pleite des deutschen Films (1922)*

Über das Kino

VON GERHART HAUPTMANN

Es gibt keine andere Kunstform, die so weit und breit zum Volk dringt als das Kino. Den Rang einer Kunstform wird man ihm unbedingt einräumen. Der Bedarf an Kino-Schöpfungen ist so gewaltig, dass man diese geistige Nahrung recht wohl, ähnlich wie Brot und Kartoffeln, ein Volksnahrungsmittel nennen kann. Einem fast grenzenlosen Konsum hätte also eine entsprechende Produktion zu genügen. Und da es sich um ein geistiges Volksnahrungsmittel handelt, so liegt auf dem Produzenten noch überdies die Last höchster Verantwortung: wenn Volksnahrungsmittel minderwertig, gefälscht oder sonst verdorben sind, so sind ihre Wirkungen im Volke verheerend.

Programmheft zum Film „Phantom“, 1922

Hätte ich das Kino

VON CARLO MIERENDORFF

Und da im untersten Mensch, dem Abgesperrtesten von allen, dem Prolet, dieser Drang am gewaltigsten ist, wurde das Kino sein.
Das Kino ist sein Panoptikum.
Hier empfängt er das Leben.
Es ist die Klasse der ohne Buch Lebenden.
Die mit dem Sprachschatz von sechzig Worten.
Die fernab allem Schönlingtum, das sich plustert beim Bravo seines Dutzend Leser (seien es auch hundert; seien es auch tausend).
Die nie ein Autor erreicht, vielleicht noch eine Zeitung, vielleicht noch ein Flugblatt, vielleicht noch ein Fünfminuten-Redner während einer Wahlkampagne, und die dann zurücktauchen in ihre Anonymität.
Sie hat das Kino. Hierher kommen sie selbstverständlich, immer, hier sind sie ohne Misstrauen, hier empfangen sie Begeisterung, Schmerz, Spaß, Entrückung. Ein Publikum millionenstark, das kommt, lebt und vergeht, das keinen Namen hat und das doch da ist, das, in seiner ungeheuren Masse sich bewegend, alles gestaltet, und das man darum in die Hand bekommen muss.

Die weißen Blätter 7, Heft 2, 1920

Das Theater der kleinen Leute
VON ALFRED DÖBLIN

Man nehme dem Volk und der Jugend nicht die Schundliteratur noch den Kientopp; sie brauchen die sehr blutige Kost ohne die breite Mehlpampe der volkstümlichen Literatur und die wässerigen Aufgüsse der Moral.
Der Höhergebildete aber verlässt das Lokal, vor allem froh, dass das Kinema – schweigt.

Das Theater I, Heft 8, 12/1909

ARBEITSANREGUNGEN

Fassen Sie die Befürchtungen, die im Vordergrund der Kritiken stehen, mit eigenen Worten zusammen.
a) Welche Einschätzung der Wirkung des Kinos auf das Publikum liegt vor?
b) Welche Art von Filmen wird wahrscheinlich besonders kritisiert?

Filme für die Massen

Die „Schundliteratur" (der Groschenhefte) und die artverwandten „Schundfilme" wurden von den Kritikern gleichermaßen angegriffen. Der frühe Film geriet kurz nach seiner Erfindung in eine Krise; die Zuschauerzahlen sanken rapide und das neue Medium musste – um überleben zu können – kulturell aufgewertet werden, innovativ eine eigene, filmspezifische Sprache entwickeln und sich durch eigenständiges fiktionales Erzählen dem Rang der etablierten Literatur annähern. So änderte sich zunächst die Produktion des Films, indem historische und literarische Stoffe ausgewählt und durch namhafte Autoren bearbeitet wurden und ein immer größerer Materialaufwand betrieben wurde (Drehorte, Kulissen, Kostüme, hohe Gagen für Schauspieler/innen etc.). Gleichzeitig änderten sich die Rezeptionsbedingungen durch den Übergang von der Schaubude zum professionell geleiteten Kino.

Robert Wiene, „Das Cabinett des Dr. Caligari", 1920

Aber immer noch suchte sich der Film über seine Nähe zur bestehenden Literatur als kulturelles Medium zu legitimieren, z. B. durch Literaturverfilmungen oder die Imitation der Theaterbühne. Oder er adaptierte den expressionistischen Stil in Mise-en-scène, Mimik und Gestik (z. B. Robert Wiene: „Das Cabinett des Dr. Caligari" von 1920, Abb. links). Der endgültige Durchbruch gelang dem Film aber vor allem durch die Befreiung von der Literatur: Mit dem frühen russischen Kino (so etwa Sergej Eisenstein: „Panzerkreuzer Potemkin", 1925) etablierte der Film durch die Möglichkeiten der Montage eine eigene filmspezifische Sprache.
Gleichzeitig entdeckte auch die literarische Avantgarde im Stummfilm neue Möglichkeiten des Erzählens, den so genannten „Kinostil".

„Wer aber für das in allen Gassen sich einnistende Kinotheater von heute Erfindungen macht, wer gar durch das Wort erlöste menschliche Geschehnisse wieder preisgibt und in die Hölle der blöden, maulaufsperrenden Tatsächlichkeit zurückstößt, der versündigt sich, so ahnungslos er es auch tue, gegen die Kunst, – ja gegen die Humanität selbst.“

Moritz Heimann: Der Kinematographen-Unfug (1913)

„Lernen Sie Kürze und Gedrängtheit vom Kinema!“

Alfred Döblin (1910)

DIE NEUE SCHAUBÜHNE
HERAUSGEBER: HUGO ZEHDER
6. HEFT DRESDEN, JUNI 1920 2. JAHRG.

DAS KINOGRAMM

VON YVAN GOLL

Der Stern hat einen Chock bekommen. Wir stehn in einem neuen Zeitalter, dem der Bewegung.

Dies alles ist der Technik zu verdanken. Ihr zuliebe hat das Antlitz des ganzen Globus sich verändert. Aus kleinen Städten schwoll die Blase riesiger Bahnhöfe, New-York mit seinen Wolkenkratzern ein Lichtgebirge, in fruchtbaren Ebenen weite weiße Flughallen.

Umstülpung des Kalenders, der Zeitrechnung, der zwölfzahligen Uhr. Immer mehr hetzt Nacht den Tag, die Stunde wird zum Tag, und auch die Minute. Bewegung nur Bewegung. Geschäft jagt Geschäft. Erlebnis Erlebnis. Bild jagt Bild. Und wie plötzlich zum historischen Monument eine Windmühle, ein veraltetes Postgebäude, vielleicht bald eine Kaserne werden: so auch die geistigen Dinge. –

Ein neues Element, wie Radium, Ozon wirkt auf die gesamte Kunst: D i e B e w e g u n g. Alle Gattungen; Dichtung, Malerei, Plastik, Tanz erfahren es, erleiden es. In allen steht das Handwerk einen Augenblick tot und stumm. So geht's nicht weiter.

Die Umwälzung war seit langem gespürt: Futurismus, Simultanismus. Picasso in der Malerei. Stramm in der Lyrik. Ahnungen.

Aber es ist mehr geschehen. Die statischen Gesetze sind umgestoßen. Der Raum, die Zeit ist überrumpelt. Die höchsten Forderungen der Kunst: d i e S y n t h e s e und d a s S p i e l d e r G e g e n s ä t z e, werden durch die Technik erst ermöglicht und erleichtert.

Wir haben den Film. […]

Dennoch: Basis für alle neue kommende Kunst ist das Kino. Niemand wird mehr ohne die neue Bewegung auskommen, denn wir rotieren alle in einer anderen Geschwindigkeit als bisher. […]

Aller Traum im Film realisierbar. Welch herrliche Sache für den Dichter!

Welche unerhörten Möglichkeiten für den Dramatiker! Dahin ist die Fabel des einheitlichen Raums, der fünf Akte und alles Kulissenrequisits. Übertrumpft die Drehbühne, die dem modernen Drama gar nichts genutzt hat. Wo ist die Zeit, da ein atemloser Läufer auf den Zinnen des Schlosses eine Schlacht „dramatisch“ erzählte! Dies alles ersetzt der Film. Die Gegenwart und die Vergangenheit und die Zukunft gehen im selben Augenblick über das Bewusstsein der Bühne.

Carlo Mierendorff

Hätte ich das Kino (1920)

Es gibt kein anderes Mittel, als das Kino.
Was ist daneben das Buch?
Was ist daneben das Theater?

Literatur wurde längst Gespiel, ein Selbstbetrug. An einer Statistik der Leser würde die Überheblichkeit der Dichter zu einem Witz. Sie vermögen nicht in den Umschwung des Lebens einzugreifen. Sie stehen am Rand. Statt zu wirken, reden sie nach dem Diktionär der Akademie. Man sollte ein Pogrom gegen sie machen. Die Welt kann ohne sie laufen. Sie stünde still, nähme man das Kino heraus.

Kunst ist zentrifugal gerichtet. Das Publikum ist imstand, sich ihr zu entziehen. Gutes zu schreiben, erscheint heute hoffnungslos. Es wird Makulatur. Was Echo hat, dringt nur als Unterhaltung vor, nie als Kunst.

Auch im Theater. Es will das Publikum, aber es kämpft umsonst. Stücke werden gesehen, nicht mehr gehört. Wenn es in die Tiefe geht, hockt das Parterre öchsisch da. Eine reinliche Scheidung täte gut:

kleine Theater für alle vom Wort Lebenden, für die anderen Kinos, viele Kinos, beste Kinos. Denn mehr und mehr verliert der Mensch die große Gabe, Welt sich aufzubauen aus dem Wort. Er lebt stumm:

Erich Wilke: Moloch Film (1920)

[…] Mit dem Auge hört der Mensch. Er verliert das innere Gesicht, das Wort wird Schemen. „Baum“, – „Pferd“, – „Himmel“, – da leuchtet nichts mehr auf. Sein Ohr ertaubt. Die Welt empfängt er nur noch durch das Auge.

Über den Film

VON THOMAS MANN

Ich sprach von einer „Lebenserscheinung“ – denn mit Kunst hat, glaube ich, verzeihen Sie mir, der Film nicht viel zu schaffen, und ich halte es für verfehlt, mit der Sphäre der Kunst entnommenen Kriterien an ihn heranzutreten. Dies ist die Art humanistisch-konservativ gestimmter Gemüter, welche sich dann, verachtungsvoll und trauernd, als von einer niedrig und wild demokratischen Massenunterhaltung von ihm abwenden. Was mich betrifft, so verachte ich ihn auch, aber ich liebe ihn. Er ist nicht Kunst, er ist Leben und Wirklichkeit, und seine Wirkungen sind in ihrer bewegten Stummheit, krud sensationell im Vergleich mit den geistigen Wirkungen der Kunst: es sind die Wirkungen, die Leben und Wirklichkeit auf den unbeteiligten Zuschauer üben, besänftigt durch die Bequemlichkeit der Umstände und das Bewusstsein des gestellten Schauspiels, verstärkt und aufgehöht durch Musik. […]

Besonders übrigens hat der Film nichts mit dem Drama zu tun. Er erzählt in Bildern; die sinnliche Gegenwärtigkeit seiner Gesichte hindert nicht, dass sein Geist, seine besten Wirkungen episch sind, und wenn irgendwo er sich mit dem Dichterischen berührt, so hier. Um Theater zu sein, ist er viel zu wirklich.

Schünemanns Monatshefte, Heft 8/1928

Kino und Buchhandel

VON MAX BRUNS

[Eine Umfrage des Börsenblatts für den deutschen Buchhandel]

Mit der Romanverfilmung hat der Kinobetrieb seinen ästhetisch verhängnisvollsten Abweg betreten. Der Buchroman in Kinovorführung ist eine Barbarei. „Quo vadis?“ ist ein peinlicher Beweis dafür. Der stete Wechsel von Einzelszenen und Massenszenen bedingt auch eine unablässige sprunghafte Verwandlung der Größenverhältnisse im Bild selbst: hier zwei Menschen in Lebensgröße – und im Nu dieselben beiden Menschen innerhalb einer Menge nur noch als Miniaturfiguren sich zeigend. Dazu der Ersatz des gesprochenen, durch das plötzlich zwischendurch erscheinende – gedruckte Wort („Wenn du mir eine Bittschrift zu überreichen hast, so ...“ – 15 Sekunden später fährt die nächste Tafel fort: „komme morgen früh; ich empfange nach dem Bade“). Unleidlicher noch ist das stumme Gebabbel der Lippen, denen natürlich auch erst auf einspringenden Texttafeln Worte verliehen werden können. [...] Vielleicht von allem das Hinderlichste ist aber die fantasielähmende Deutlichkeit des Bildes. Der Künstler des Wortes kann im Buche alles, tatsächlich alles sagen und zeigen, weil er durch seinen wohlbedachten Stil die Fantasie des Lesers in Bahnen lenken und festhalten kann die durchaus im Bereiche des Ästhetischen verbleiben.

Börsenblatt für den deutschen Buchhandel, 5. 6. 1913

Quo vadis – Kino?

VON KURT PINTHUS

Zur Eröffnung des Königspavillon-Theaters

Der Kino bemüht sich durchaus das Theater nachzuahmen. Und erkennt dabei nicht, dass er im Grunde nichts mit dem Theater zu tun hat. Die Mittel, die Möglichkeiten des Kino sind andere als die des Theaters; der Kino stellt nur Handlung dar, Effekte, Sichtbares; das Theater dagegen strebt zur Differenzierung, zur Psychologie; wichtiger als das Sichtbare ist auf der Schaubühne das Wort. Der Kino muss auf das Wort verzichten und somit auf alles, was das Wort offenbart. Die wirklichen Verehrer des Kinos (ich bekenne, dass ich zu ihnen gehöre) werden also darauf bestehen, das der Kino deutlich abgegrenzt wird von der Kunst des Theaters. Es wird sicherlich eine Kunst des Kinos sich entwickeln, die aber mit der Kunst des Theaters nichts weiter gemein hat als das Sichtbare.

Leipziger Tageblatt, 25. 4. 1913

„Ich verfilme jetzt Goethes ‚Egmont‘, aber wie ich in diese alte Chose Tempo reinkriegen soll, ist mir völlig schleierhaft!“ (K. Hügelow, 1926)

Georg Lukács

Gedanken zu einer Ästhetik des Kinos (1913)

Ein bekannter Dramatiker fantasierte gelegentlich darüber, dass das „Kino“ (durch Vervollkommnung der Technik, durch vollendete Reproduzierbarkeit der Rede) das Theater ersetzen könnte. Wenn dies gelingt – meint er –, gibt es kein unvollkommenes Ensemble mehr: das Theater ist nicht mehr an die örtliche Zerstreuung der guten schauspielerischen Kräfte gebunden; nur die besten Schauspieler werden in den Stücken spielen, und sie werden nur gut spielen, denn von Aufführungen, in denen jemand indisponiert ist, macht man eben keine Aufnahmen. Die gute Aufführung wird aber etwas Ewiges; das Theater verliert alles bloß Momentane, es wird zu einem großen Museum aller wirklich vollendeten Leistungen.
Dieser schöne Traum ist aber ein großer Irrtum. Er übersieht die Grundbedingung aller Bühnenwirkungen: die Wirkung des tatsächlich da seienden Menschen. Denn nicht in den Worten und Gebärden der Schauspieler oder in den Geschehnissen des Dramas liegt die Wurzel der Theatereffekte, sondern in der Macht, mit der ein Mensch, der lebendige Wille eines lebendigen Menschen, unvermittelt und ohne hemmende Leitung auf eine geradeso lebendige Menge ausströmt. Die Bühne ist absolute Gegenwart. Die Vergänglichkeit ihrer Leistung ist keine beklagenswerte Schwäche, sie ist vielmehr eine produktive Grenze; sie ist das notwendige Korrelat und der sinnfällige Ausdruck des Schicksalhaften im Drama. Denn das Schicksal ist das Gegenwärtige an sich.

„Der Kino[1] setzt erfolgreich fort, was unsere Bilderzeitschriften so herrlich begonnen haben. Er illustriert.
Im ganz großen Maßstabe setzt er die „Anschauung“ an Stelle des Wortes. Er ist zwar auf die Literatur angewiesen, genau so wie die Schmarotzerpflanze auf den Baum angewiesen ist, den sie nach und nach erstickt.“

Joseph August Lux: Über den Einfluss des Kinos auf Literatur und Buchhandel (1914)

1 **Der Kino:** früher gebräuchlich, Abkürzung von ‚der Kinematograph‘

Ralf Schnell

Film und Literatur (2000)

„Unsere Filmemacher“, so bemerkt Umberto Eco bei Gelegenheit seines hinreißenden Spaziergangs „Im Wald der Fiktionen“, „kennen die Erzähltechniken des 19. Jahrhunderts.“ Das ist eine keineswegs überpointierte Behauptung. In der Tat haben Erzählung und Roman die Formen des Erzählens im Spielfilm vorgeprägt. Noch die Generation der neueren filmischen Mythenproduktion aus Hollywood – „Short Cuts“ (1993) von Robert Altman oder „Pulp Fiction“ (1993) von Quentin Tarantino – folgt in ihren ausgeklügelten Erzählformen unverkennbar literarischen Mustern, ganz zu schweigen von dem avancierten Stand, den der Entwicklungsroman mit Robert Zemeckis Film „Forrest Gump“ (1993) erreicht hat. […]

Die literarische Moderne hat aus der Entwicklung der neuen visuellen Medien Nutzen gezogen, in einem weit höheren Maße, als selbst die hoffnungsvollsten Äußerungen aus der Frühzeit des Films dies hätten erwarten lassen. Die Voraussetzungen für dieses produktive Zusammenspiel hat Bertolt Brecht prägnant beschrieben, mit einer häufig zitierten Bestimmung, die auch hier nicht übergangen werden soll: „Die alten Formen der Übermittlung nämlich bleiben durch neu auftauchende nicht unverändert und nicht neben ihnen bestehen. Der Filmesehende liest Erzählungen anders. Aber auch der Erzählungen schreibt, ist seinerseits ein Filmesehender. Die Technifizierung der literarischen Produktion ist nicht mehr rückgängig zu machen.“
Thomas Manns „Zauberberg“, Lion Feuchtwangers „Erfolg“, Robert Musils „Mann ohne Eigenschaften“, Wolfgang Koeppens „Tauben

im Gras“ – all diese bedeutenden Werke der literarischen Moderne sind ohne die Entwicklung der modernen Medien und ihrer Ästhetik schlechterdings nicht zu denken. Sie repräsentieren eine literarische Praxis, deren Programm sich mit Begriffen wie Montageästhetik, Simultantechnik und Synästhesie, Multiperspektivik und Stream of Consciousness, Auflösung von Linearität und Sukzession und Spiel mit Raum und Zeit umschreiben lässt.

ARBEITSANREGUNGEN

1. a) Stellen Sie Aspekte der literarischen Kultur zusammen, welche die Kritiker durch den Film gefährdet sehen (Texte Seite 55–58).
   b) Welche neuen Bereiche eröffnet das Kino?
2. Entwickeln Sie eine Tabelle, in der Sie Gemeinsamkeiten und Unterschiede von Film, Theater und Buch gegenüberstellen. Werten Sie anschließend Stärken bzw. Schwächen der einzelnen Medien aus!
3. Vor welche Schwierigkeiten stellte die Anforderung, Filmmanuskripte zu schreiben, die Schriftsteller und Schriftstellerinnen möglicherweise?
4. Welche Ansätze zu einer neuen Poetik werden durch den Film in der Literatur wirksam? Suchen Sie entsprechende Beispiele aus der Literatur der ersten Hälfte des 20. Jahrhunderts!
5. a) Inwiefern versteht sich die Kinokritik als Kritik an der Großstadt?
   b) Welche Bedeutung haben dabei der soziale Status und die Wahrnehmung des Großstädters?
6. a) Erläutern Sie am Text von Yvan Goll die Begriffe „Umwälzung“ und „Synthese“.
   b) **Referat:** Wählen Sie ein Bild von Pablo Picasso und ein Gedicht von August Stramm aus und erläutern Sie in einem anschaulichen Vortrag die neueren gestalterischen Formen.
7. Überprüfen Sie auf Grundlage des Textes von Ralf Schnell (Seite 58 f.), inwiefern man heute noch von einem wechselseitigen Einfluss von Literatur und Film sprechen kann!
8. Entwickeln Sie eine aktuelle „Hitliste“ möglichst vieler Medien, in denen auch Buch, Theater und Kino untergebracht sind!
9. Untersuchen Sie die aktuelle „Kinolandschaft“ vor Ort (unterschiedliche Kinos, Programme, Publikum, Werbung) und diskutieren Sie Trivialität und Kunst, Unterhaltung und Anspruch des aktuellen Kinos.

Tipp Anregungen finden Sie auch im Internet oder in den gängigen Filmzeitschriften.

Auswege aus der Sinnkrise 1900

Einige der Autoren, die um die Jahrhundertwende 1900 über die Bedeutung von Wahrnehmung und Begriffsbildung in einer sich wandelnden Welt reflektierten und sich an der Kinodebatte beteiligten, sahen im neuen Medium Film und seinen ästhetischen Möglichkeiten einen Ausweg aus der Sinn- und Sprachkrise.

Hanns Heinz Ewers

Der Film und ich (1913)

Heute weiß ich ganz gewiss, dass es genauso schwer ist, und genau solcher Kunst bedarf, ein gutes Filmmanuskript zu schreiben, wie ein Gedicht, einen Roman, ein Drama. Und ich weiß auch, dass der Regisseur, der wirklich „Kunst" im Rollfilm geben will, nicht weniger, sondern sehr viel mehr können muss als der, dem auf der Bühne das *Wort* zur Verfügung steht! – Aber das war es ja gerade, was mich reizte: die Möglichkeit endlich, endlich einmal des *„Wortes"* entraten zu können, dieses „Wortes", das dem Dichter bisher alles war und ohne welches er gar nicht denkbar schien. Des „Wortes" – das dennoch für alle *tiefste* Empfindung nur ein vages und nie voll ausschöpfendes Surrogat war! Wenn es wahr ist, dass das Auge, dass die leise Geste der Hand dasselbe – und manchmal mehr – sagen kann als das schönste Dichterwort, dann ist die Möglichkeit da, auch ohne Worte die Seele sprechen zu lassen.

Hugo von Hofmannsthal

Der Ersatz für die Träume (1921)

Diese Sprache der Gebildeten und Halbgebildeten, ob gesprochen oder geschrieben, sie ist etwas Fremdes. Sie kräuselt die Oberfläche, aber sie weckt nicht, was in der Tiefe schlummert. Es ist zu viel von der Algebra in dieser Sprache, jeder Buchstabe bedeckt wieder eine Ziffer, die Ziffer ist die Verkürzung für eine Wirklichkeit, all dies deutet von fern auf irgendetwas hin, auch auf Macht, auf Macht sogar, an der man irgendwelchen Anteil hat; aber dies alles ist zu indirekt, die Verknüpfungen sind zu unsinnlich, dies hebt den Geist nicht wirklich auf, trägt ihn nicht irgendwo hin. All dies lässt eher eine Verzagtheit zurück, und wieder dies Gefühl, der ohnmächtige Teil einer Maschine zu sein, und sie kennen alle eine andere Macht, eine wirkliche, die einzige wirkliche: die der Träume. [...] Träume sind Taten, unwillkürlich mischt sich in dies schrankenlose Schauen ein süßer Selbstbetrug, es ist wie ein Schalten und Walten mit diesen stummen, dienstbar vorüberhastenden Bildern, ein Schalten und Walten mit ganzen Existenzen. Die Landschaft, Haus und Park, Wald und Hafen, die hinter den Gestalten vorüberweht, macht nur eine Art von dumpfer Musik dazu – aufrührend weiß Gott was an Sehnsucht und Überhebung, in der dunklen Region, in die kein geschriebenes und gesprochenes Wort hinabdringt – auf dem Film aber fliegt indessen in zerrissenen Fetzen eine ganze Literatur vorbei, nein, ein ganzes Wirrsal von Literaturen, der Gestaltenrest von Tausenden von Dramen, Romanen, Kriminalgeschichten; die historischen Anekdoten, die Halluzinationen der Geisterseher, die Berichte der

Das Tonfilm-Leben ein Traum! „Siehste, Otto, wenn wir auch abgebrannt sind – das Leben ist doch schön!" (1930)

Abenteurer; aber zugleich schöne Wesen und durchsichtige Gebärden; Mienen und Blicke, aus denen die ganze Seele hervorbricht. Sie leben und leiden, ringen und vergehen vor den Augen des Träumenden; und der Träumende weiß, dass er wach ist; er braucht nichts von sich draußen zu lassen; mit allem, was in ihm ist, bis in die geheimste Falte, starrt er auf dieses flimmernde Lebensrad, das sich ewig dreht. […] Diese ganze unterirdische Vegetation bebt mit bis in ihren dunkelsten Wurzelgrund, während die Augen von dem flimmernden Film das tausendfältige Bild des Lebens ablesen. Ja dieser dunkle Wurzelgrund des Lebens, er, die Region, wo das Individuum aufhört, Individuum zu sein, er, den so selten ein Wort erreicht, kaum das Wort des Gebetes oder das Gestammel der Liebe, er bebt mit. Von ihm aber geht das geheimste und tiefste aller Lebensgefühle aus: die Ahnung der Unzerstörbarkeit, der Glaube der Notwendigkeit und die Verachtung des bloß Wirklichen, das nur zufällig da ist. Von ihm, wenn er einmal in Schwingung gerät, geht das aus, was wir die Gewalt der Mythenbildung nennen. Vor diesem dunklen Blick aus der Tiefe des Wesens entsteht blitzartig das Symbol: das sinnliche Bild für geistige Wahrheit, die der Ratio unerreichbar ist. […] Mir aber scheint die Atmosphäre des Kinos die einzige Atmosphäre, in welcher die Menschen unserer Zeit – diejenigen, welche die Masse bilden – zu einem ungeheuren, wenn auch sonderbar zugerichteten geistigen Erbe in ein ganz unmittelbares, ganz hemmungsloses Verhältnis treten, Leben zu Leben, und der voll gepfropfte halbdunkle Raum mit den vorbeiflirrenden Bildern ist mir, ich kann es nicht anders sagen, beinahe ehrwürdig, als die Stätte, wo die Seelen in einem dunklen Selbsterhaltungsdrange hinflüchten, von der Ziffer zur Vision

ARBEITSANREGUNGEN

1. Setzen Sie den Textauszug von Hugo von Hofmannsthal mit dem ersten Auszug (Seite 46) und seinem „Brief“ (Seite 23 f.) in Beziehung: Welche Gedanken werden wieder aufgegriffen? Welche neuen Gedanken kommen hinzu?
2. a) Erstellen Sie eine Tabelle, z. B. nach folgendem Muster, in der Sie treffende Textstellen sammeln.

Eigenschaften des Wortes	*Eigenschaften des Stummfilms*
… das Wort wird Schemen	*Er illustriert.*
…	…

   b) Nutzen Sie die Tabelle, um zu argumentieren, inwiefern der Stummfilm eine Lösung der Sprachkrise sein könnte.
3. a) Stellen Sie die Pro- und Kontra-Argumente zum frühen Kino aus sämtlichen Texten zusammen.

	Pro	*Kontra*
Gesellschaft		
Kultur		
Sprache		

   b) Führen Sie mit den Argumenten eine Diskussion durch, in der sich Befürworter und Gegner des Kinos der zehner und zwanziger Jahre des 20. Jahrhunderts gegenüberstehen.
4. Aktualisieren Sie die Diskussion, indem Sie überlegen, welche Argumente bezüglich des Kinos heute noch Gültigkeit haben und welche hinzukommen.
5. Fassen Sie abschließend die wichtigsten Vorbehalte gegen das frühe Kino zusammen, indem Sie berücksichtigen, von welcher Seite die Kritik kommt, und darlegen, wie sich die Argumentation entwickelt.

3.4 „Das Ende der Kultur? – Das Ende des Menschen?“: Medienumbrüche und Medienkritik

Neu aufkommende Medien wie der Film haben nicht nur im letzten Jahrhundert, in dem durch die wachsende Technisierung sämtlicher Lebensbereiche immer schneller immer mehr neue Medien entstanden, traditionelle Medien und damit etablierte Zeichensysteme und deren Vertreter in ihrer Existenz bedroht. Die Debatte um neue Medien ist so alt wie die der Kommunikation zwischen Menschen selbst.

ARBEITSANREGUNGEN

Sammeln Sie zu den Medienkritiken und den dazugehörigen Abbildungen in diesem Kapitel (Seite 62–71) Antworten auf folgende Fragen in Form der Tabelle. Integrieren Sie dabei auch Ihre Kenntnisse zum Film:

In welcher Zeit gab es welche neuen Medien?	Welche traditionellen Medien und Ideale stellten die jeweils neuen Medien in Frage?	Was war das Neue, was war bedrohlich?	Welche Kulturträger bzw. sozialen Gruppen sahen sich bedroht?
klassische Antike: – Schrift – … – Theater	… Menschenmedium („unreflektiertes Mitmachen“ beim öffentlichen Ritus, z. B. Götterkult-Prozessionen); Wahrheit des Seienden, Ernsthaftigkeit	… subjektive Gestaltung des Schauspielers (Rollenspiel, Fiktion), Rollenwechsel vom Teilnehmer zum reflektierenden Zuschauer; Unterhaltung statt Identität	philosophische Lehrer Priester
…	…	…	…

Schrift, Dichtung, bildende und darstellende Kunst in der Antike

Sokrates

Fremde Zeichen

Laut Sokrates (470–399 v. Chr.), dessen philosophische „Gespräche“ von seinem Schüler Platon (427–347 v. Chr.) aufgeschrieben wurden, erfand der Gott Theut neben den Zahlen, der Geometrie und Astronomie sowie dem Würfelspiel auch die Schrift. Der ägyptische König Thamus beurteilte (in einem von Platon in „Phaidros“ geschaffenen fiktiven Dialog mit Theut) all diese Künste:

Theut: „Diese Kunst, o König, wird die Ägypter weiser machen und gedächtnisreicher, denn als ein Mittel für Erinnerung und Weisheit ist sie erfunden.“ Worauf der König Thamus erwiderte: „O kunstreicher Theut, einer weiß, was zu den Künsten gehört, ans Licht zu bringen; ein anderer zu beurteilen, wie viel Schaden und Vorteil sie denen bringen, die sie gebrauchen werden. So hast auch du jetzt, als Vater der Buchstaben, aus Liebe das Gegenteil dessen gesagt, was sie bewirken. Denn diese Erfindung wird den Seelen der Lernenden vielmehr Vergessen einflößen aus Vernachlässigung der Erinnerung, weil sie im Vertrauen auf die Schrift sich nur von außen vermittels fremder Zeichen, nicht aber innerlich sich selbst und unmittelbar erinnern werden. Nicht also für die Erinnerung, sondern für das Erinnern hast du ein Mittel erfunden, und von der Weisheit bringst du deinen Lehrlingen nur den Schein bei, nicht die Sache selbst. Denn indem sie nun vieles gehört haben ohne Unterricht, werden sie sich auch allwissend zu sein dünken, obwohl sie größtenteils unwissend sind, und schwer zu behandeln, nachdem sie dünkelweise geworden statt weise.“

Platon befürchtete durch das Aufkommen eines neuen Mediums ein gefährliches Spiel mit der Identität des Menschen und beklagte den Untergang des Götterkultes, in dem der Mensch im religiösen Ritual der Maskentänze und Opferprozessionen unmittelbar – also ohne Vermittlung durch ein Medium – die Huld der Götter erlangte.

Platon

Die Unkenntnis der Maler und Dichter ... bis zum Erweis ihres Nutzens ist die Dichtung auszuschließen (vor 347 v. Chr.)

Auf welches von beiden geht die Malerei bei jedem? Das Seiende nachzubilden, wie es sich verhält, oder das Erscheinende, wie es erscheint, als eine Nachbildnerei der Erscheinung oder der Wahrheit?

– Der Erscheinung, sagte er.

Gar weit also von der Wahrheit ist die Nachbildnerei; und deshalb, wie es scheint, macht sie auch alles, weil sie von jedem nur ein Weniges trifft und das im Schattenbild. […]

Ebenso, denke ich, wollen wir auch von dem Dichter sagen, dass er Farben gleichsam von jeglicher Kunst in Wörtern und Namen auftrage, ohne dass er etwas verstände als eben nachzubilden. […]

Dieses also, wie sich zeigt, ist uns ziemlich klar geworden, dass der Nachbildner nichts der Rede Wertes versteht von dem, was er nachbildet, sondern die Nachbildung eben nur ein Spiel ist und kein Ernst und dass die, die sich mit der tragischen Dichtung beschäftigen in Jamben sowie in Hexametern, insgesamt Nachbildner sind so gut wie irgendeiner.

– Allerdings. […]

Weil ich nun dieses feststellen wollte, sagte ich, dass die Malerei und die Nachbildnerei überhaupt, wie sie in großer Ferne von der Wahrheit ihr Werk zustande bringt, so auch mit dem von der Vernunft Fernen in uns ihren Verkehr hat und sich mit diesem zu nichts Gesundem und Wahrem befreundet.

– Ganz gewiss wohl, sagte er.

Selbst also schlecht und mit Schlechtem sich verbindend erzeugt die Nachbildnerei auch Schlechtes.

– Das scheint wohl. […]

Ist nun in allem diesem der Mensch etwa einstimmig mit sich? Oder wie er in Sachen des Gesichtes uneins war und über dieselben Gegenstände zu gleicher Zeit entgegengesetzte Vorstellungen in sich hatte, schwankt er nicht ebenso auch in seinen Handlungen und liegt selbst mit sich im Streit? Doch ich erinnere mich, dass wir hierüber jetzt gar nicht nötig haben etwas abzumachen, denn wir haben in unseren Reden schon oben alles dieses zur Genüge nachgewiesen, dass unsere Seele von viel tausend solchen gleichzeitig vorhandenen Widersprüchen voll ist.

– Richtig!, sagte er. […]

Für dieses Unwillige nun gibt es gar viele und mancherlei Nachbildung; die vernünftige und ruhige Gemütsfassung aber, welche ziemlich immer sich selbst gleich bleibt, diese ist weder leicht nachzubilden noch auch die Nachbildung leicht zu verstehen, zumal für eine große Versammlung und die verschiedenartigsten Menschen, wie sie sich vor den Schaubühnen zusammenfinden. Denn es wäre eine Nachbildung eines ihnen fremden Zustandes.

– Allerdings freilich.

Offenbar also, dass der nachbildende Dichter nicht für dieses in der Seele geartet ist und seine Kunst sich nicht daran hängen darf, diesem zu gefallen, wenn er Ruhm haben will bei der Menge, sondern für die gereizte und wechselreiche Gemütsstimmung eignet er sich, weil diese leicht nachzubilden ist.

– Offenbar.

Können wir ihn also nicht jetzt mit vollem Recht angreifen und ihn als ein Seitenstück zu dem Maler aufstellen? Denn darin, dass er Schlechtes hervorbringt, wenn man auf die Wahrheit sieht, gleicht er ihm; und dass er sich an ebensolches in der Seele wendet und nicht an das Beste, auch darin sind sie einander ähnlich. […]

– Ich weiß nichts dagegen zu sagen, sprach er.

[…]

[Wir] wollen als sicher annehmen, dass man sich um diese Dichtkunst nicht ernsthaft bemühen dürfe, als ob sie selbst ernsthaft sei und die Wahrheit treffe, dass vielmehr der Hörer, der um die richtige Verfassung seiner selbst besorgt ist, sich gar sehr vor ihr zu hüten und so von der Dichtkunst zu denken habe, wie wir es ausgesprochen haben.

– In allen Stücken, sprach er, stimme ich dir bei.

Der Buchdruck nach Gutenberg

Johannes Trithemius

Vom Lob der Handschriftenschreiber (1462–1516)

Denn wie nützlich die Ergebnisse des Gelehrten auch sein mögen, ohne die Dienstleistung des Schreibenden gelangten sie niemals zur Kenntnis der Nachwelt. Was wir auch immer Gutes tun, was wir Nützliches lehren, fiele bald der Vergessenheit anheim, würde es nicht durch den Eifer der Schreibenden in Buchstaben umgesetzt. Erst die Schreiber verleihen den Worten Kraft, den Dingen Dauer, Lebensfrische den Zeitläufen. Müsste die Kirche sie entbehren, dann würde der Glauben schwankend, die Liebe erkalten, die Hoffnung enttäuschen, das Recht untergehen, das Gesetz verwirrt und das Evangelium in Vergessenheit fallen. […] Der Buchdruck nämlich hängt vom Papier ab und dieses wird in kurzer Zeit völlig zerstört. Der Schreiber jedoch, der seine Buchstaben dem Pergament anvertraut, sichert sich und dem, was er schreibt, lang dauerndes Gedächtnis.

F. Staphylus

Von der teutschen Bibel verdolmetschung (1562)

Yetzo aber, weil die Druckerey aufkommen / und die buecher leicht zubekommen seind / darzuo auch die Bibl inns teutsch verdolmetscht worden / so nimpt jm yetz mancher seltzamer kopff auß diser gelegenhait ein ursach / die Bibl zulesen / und seines gefallens darinn zugruebeln, welche Zweifels one nicht beschehe wo die menig [Vielzahl] der teutschen Bibl nicht ursach darzuo gebe.

Texte mussten bis in die Neuzeit zur Vervielfältigung abgeschrieben werden. Französische Buchmalerei, darstellend den Dominikaner Vincenz von Beauvais, 1. Hälfte 15. Jahrhundert

Aus einem Nürnberger Gutachten (frühes 16. Jahrhundert)

Achtet darauf, dass ihr diesem Übel des Druckes von Büchern, die aus den heiligen Schriften in die Volkssprache übersetzt sind, vorsorglich entgegentretet, denn diese Übersetzung zielt, wie gesagt wurde, auf die Schwächung der kirchlichen Hierarchie, auf die schwere Gefährdung des orthodoxen Glaubens, auf die Verwirrung der heiligen Kirche, auf die Verdammnis der Seelen und endlich auf die Vernichtung gleicher Weise der weltlichen wie der geistlichen Ordnungen. […] In den Anfängen muss man aber Widerstand leisten, damit nicht durch Vermehrung der deutschsprachigen Bücher der Funke des Irrtums endlich sich zu einem großen Feuer entwickle. […]

Konrad Lautenbach

Gespräch von der Frankfurter Meß (1596)

Das sey nun gsagt von Truckerey,
Welch billich wirdt genennet frey,
Weil durch sie das rein Gottes Wort,
Herfürbracht ist an manchem Orth.
Durch sie all Künsten seyn gestiegen,
Durch sie die Barbarey muß ligen,
Kein edler Kunst, nützlicher auch,
Wann nicht so groß wer der Mißbrauch.

Die Zeitungen im 17. bis frühen 19. Jahrhundert

Ahasver Fritsch

Auseinandersetzung über das Neue, „Neue Zeitung“ genannt / vom heutigen Gebrauch und Missbrauch (1676)

Was soll man über die schreckliche Neugierde gewisser Leute, Neues zu lesen und zu hören, urteilen? Ist sie zu loben oder zu tadeln? […]
Was aber Privatpersonen anlangt, so ist ihre allzu große Neugierde auch hierin wie in andern Dingen überhaupt ein Fehler und verdient gerechten Tadel. […]
Die Zeitungen verbreiten nicht immer bloße Torheiten, sondern verfolgen bisweilen politische Geheimzwecke oder sind geradezu Maßnahmen der Kriegführung. Denn hiermit pflegen und können viele die Geisteshaltung und die innersten Winkel des Herzens ausködern. Bisweilen werden Siege gemeldet, das Gegenteil wird unterdrückt, Niederlagen werden erfunden, um das Volk kopflos zu machen, damit es diese oder jene Partei begünstige. Wie viel aber durch erfundene Nachrichten dieser Art angerichtet werden kann, das hat bisher schon die Erfahrung gelehrt. […]
Darum liegt es überhaupt im öffentlichen Interesse, die wahllose Verbreitung und Bekanntmachung von Neuen Zeitungen im Staate nicht zu gestatten. So pflegen weisere Fürsten sie als Selbstverständlichkeit entweder ganz zu verbieten oder doch durch gewisse Vorkehrungen zu beschränken.

Gustav Taubert (1755–1839),
Alles liest Alles (Berliner Lesecafé), 1832

„Wenn diese Langeweile treibt,
kommt jener satt vom übertischten Mahle,
Und, was das Allerschlimmste bleibt,
gar mancher kommt vom Lesen der
Journale.“

Johann Wolfgang Goethe:
Faust I, Vorspiel auf dem Theater
(1795–1806)

Jan Joris van Fliet (geb. um 1610),
Der Zeitungsverkäufer
(kolorierte Radierung), um 1635

Medien im 20. Jahrhundert: Fotografie, Film, Kunstdruck und Schallplatte

Flüchtige Spiegelbilder

Von Gerhart Hauptmann

Flüchtige Spiegelbilder festhalten zu wollen, dies ist nicht bloß ein Ding der Unmöglichkeit, wie es sich nach gründlicher deutscher Untersuchung herausgestellt hat, sondern schon der Wunsch, dies zu wollen, ist eine Gotteslästerung. Der Mensch ist nach dem Ebenbilde Gottes geschaffen worden, und Gottes Bild kann durch keine menschliche Maschine festgehalten werden. Höchstens der göttliche Künstler darf, begeistert von himmlischer Eingebung, es wagen, die gottmenschlichen Züge, im Augenblick höchster Weihe, auf den höheren Befehl seines Genius, ohne jede Maschinenhilfe wiederzugeben. [...] Gott soll plötzlich seinen urewigen Gesetzen untreu werden und es zulassen, dass ein Franzose in Paris eine Erfindung teuflischster Art in die Welt setzt?

Leipziger Anzeiger, 1839

Familienbild, Daguerreotypie (um 1845)

Walter Benjamin

Das Kunstwerk im Zeitalter seiner technischen Reproduzierbarkeit (1936)

Das Hier und Jetzt des Originals macht den Begriff seiner Echtheit aus. [...] Der gesamte Bereich der Echtheit entzieht sich der technischen – und natürlich nicht nur der technischen – Reproduzierbarkeit. Während das Echte aber der manuellen Reproduktion gegenüber, die von ihm im Regelfalle als Fälschung abgestempelt wurde, seine volle Autorität bewahrt, ist das der technischen Reproduktion gegenüber nicht der Fall. Der Grund ist ein doppelter. Erstens erweist sich die technische Reproduktion dem Original gegenüber selbstständiger als die manuelle. Sie kann, beispielsweise, in der Fotografie Ansichten des Originals hervorheben, die nur der verstellbaren und ihren Blickpunkt willkürlich wählenden Linse, nicht aber dem menschlichen Auge zugänglich sind, oder mit Hilfe gewisser Verfahren wie der Vergrößerung oder der Zeitlupe Bilder festhalten, die sich der natürlichen Optik schlechtweg entziehen. Das ist das Erste. Sie kann zudem zweitens das Abbild des Originals in Situationen bringen, die dem Original selbst nicht erreichbar sind. Vor allem macht sie ihm möglich, dem Aufnehmenden entgegenzukommen, sei es in Gestalt der Fotografie, sei es in der der Schallplatte. Die Kathedrale verlässt ihren Platz, um in dem Studio eines Kunstfreundes Aufnahme zu finden; das Chorwerk, das in einem Saal oder unter freiem Himmel exekutiert wurde, lässt sich in einem Zimmer vernehmen.

Die Umstände, in die das Produkt der technischen Reproduktion des Kunstwerks gebracht werden kann, mögen im Übrigen den Bestand des Kunstwerks unangetastet lassen – sie entwerten auf alle Fälle sein Hier und Jetzt. [...] Die Echtheit einer Sache ist der Inbegriff alles von Ursprung her an ihr Tradierbaren, von ihrer materiellen Dauer bis zu ihrer geschichtlichen Zeugenschaft. Da die Letztere auf der Ersteren fundiert ist, so gerät in der Reproduktion, wo die Erstere sich dem Menschen entzogen hat, auch die Letztere: die geschichtliche

Zeugenschaft der Sache ins Wanken. Freilich nur diese; was aber dergestalt ins Wanken gerät, das ist die Autorität der Sache.
Man kann, was hier ausfällt, im Begriff der Aura zusammenfassen und sagen: was im Zeitalter der technischen Reproduzierbarkeit des Kunstwerks verkümmert, das ist seine Aura. Der Vorgang ist symptomatisch; seine Bedeutung weist über den Bereich der Kunst hinaus. Die Reproduktionstechnik, so ließe sich allgemein formulieren, löst das Reproduzierte aus dem Bereich der Tradition ab. Indem sie die Reproduktion vervielfältigt, setzt sie an die Stelle seines einmaligen Vorkommens sein massenweises. Und indem sie der Reproduktion erlaubt, dem Aufnehmenden in seiner jeweiligen Situation entgegenzukommen, aktualisiert sie das Reproduzierte. Diese beiden Prozesse führen zu einer gewaltigen Erschütterung des Tradierten – einer Erschütterung der Tradition, die die Kehrseite der gegenwärtigen Krise und Erneuerung der Menschheit ist. Sie stehen im engsten Zusammenhang mit den Massenbewegungen unserer Tage.

Radio

Alfred Döblin

Literatur und Rundfunk (1923)

Da tritt nun im ersten Viertel des 20. Jahrhunderts überraschend der Rundfunk auf und bietet uns, die wir mit Haut und Haaren Schriftsteller sind, aber nicht Sprachsteller – und bietet uns wieder das akustische Medium, den eigentlichen Mutterboden jeder Literatur. Ich muss freilich sofort einen Einwand machen und Wasser in diesen Wein gießen. In eine ursprüngliche und natürliche Situation werden wir von dem Rundfunk nicht zurückgeführt. Es ist zwar die mündliche Sprache, die lebende Sprache, die dort am Mikrofon gesprochen werden kann, aber das Radio zeigt sich doch sofort als künstliches, sehr künstliches technisches Mittel; denn unsere mündliche Sprache lebt vom Kontakt zwischen Redner und Hörer. Ferner: Die lebende Sprache steht auch nie allein, sie ist immer begleitet von Mimik, von wechselnden Gebärden, von Blicken. Diese Situation kann der Rundfunk nicht erneuern.

Ernst Lissauer

Rundfunk (1926)

Der moderne Mensch empfängt ohnedies viel zu viel Anregungen, er wird immer unselbstständiger, obwohl er sich einbildet, immer freier und selbstständiger zu werden, und das Radio vervielfältigt diese Fülle von Anregungen. Alle diese Entwicklungen sind nicht aufzuhalten, das Radio (oder das Kino) auszuschalten ist weder möglich noch wünschenswert, aber es erscheint mir unheilvoll, wenn das Radio eine allzu bunte Menge von Anregungen und Darbietungen ausgießt und die gefährliche Zersplitterung des modernen Menschen noch steigert. […] Diese Bemerkungen gelten für unsere gesamte Zeit, für die es leider charakteristisch ist, dass fast nirgends mehr Ganzheiten dargeboten werden, sondern allenthalben Ausschnitte, Bröckchen, Häppchen, und dass daher ihre ungeheure Publizität letzten Endes für die Ausbildung der menschlichen Seele unfruchtbar bleibt. Was für das Radio, gilt für Theater, Kino, Zeitung, Zeitschrift. Die bewundernswerten Erfindungen des menschlichen Geistes, zumal Radio und Kino dienen im Allgemeinen nicht dem Aufbau und der Sammlung, sondern der Zerstreuung, Zersplitterung, der Flüchtigkeit und Hurtigkeit. Gerade hieran aber leiden die heutigen Menschen, ohne das Übel zu kennen.

Zum Camping gehört das Radio, 1928

Hermann Hesse
Der Steppenwolf (1927)

Wenn Sie dem Radio zuhören, so hören und sehen Sie den Urkampf zwischen Idee und Erscheinung, zwischen Ewigkeit und Zeit, zwischen Göttlichem und Menschlichem. Gerade so, mein Lieber, wie das Radio die herrlichste Musik der Welt zehn Minuten lang wahllos in die unmöglichsten Räume wirft, in bürgerliche Salons und in Dachkammern, zwischen schwatzende, fressende, gähnende, schlafende Abonnenten hinein, so, wie er diese Musik ihrer sinnlichen Schönheit beraubt, sie verdirbt, verkratzt und verschleimt, dennoch ihren Geist nicht ganz umbringen kann – gerade so schmeißt das Leben, die so genannte Wirklichkeit, mit dem herrlichen Bilderspiel der Welt um sich, lässt auf Händel einen Vortrag über die Technik der Bilanzverschleierung in mittleren industriellen Betrieben folgen, macht aus zauberhaften Orchesterklängen einen unappetitlichen Töneschleim, schiebt seine Technik, seine Betriebsamkeit, seine wüste Notdurft und Eitelkeit überall zwischen Idee und Wirklichkeit, zwischen Orchester und Ohr. [...]
Lernen Sie lieber erst zuhören!

Fernsehen

Günther Anders
Die ins Haus gelieferte Welt (1956)

Diese dritte Umwälzung [das Fernsehen] ist nun der eigentliche Gegenstand unserer Untersuchung. Denn diese beschäftigt sich fast ausschließlich mit den eigentümlichen Veränderungen, die der Mensch als mit Welt beliefertes Wesen durchmacht.

1. Wenn die Welt zu uns kommt, statt wir zu ihr, so sind wir nicht mehr „in der Welt“, sondern ausschließlich deren schlaraffenlandartige Konsumenten.
2. Wenn sie zu uns kommt, aber doch nur als Bild, ist sie halb an- und halb abwesend, also phantomhaft.
3. Wenn wir sie jederzeit zitieren (zwar nicht verwalten, aber an- und ausschalten können), sind wir Inhaber gottähnlicher Macht.
4. Wenn die Welt uns anspricht, ohne dass wir sie ansprechen können, sind wir dazu verurteilt, mundtot, also unfrei zu sein.
5. Wenn sie uns vernehmbar ist, aber nur das, also nicht behandelbar, sind wir in Lauscher und Voyeurs verwandelt.
6. Wenn ein an einem bestimmten Orte stattfindendes Ereignis versandt und als „Sendung“ zum Auftreten an jedem anderen Orte veranlasst werden kann, dann ist es in ein mobiles, ja in ein fast omnipräsentes, Gut verwandelt und hat seine Raumstelle als Principium Individuationis eingebüßt.
7. Wenn es mobil ist und in virtuell zahllosen Exemplaren auftritt, dann gehört es, seiner Gegenstandsart nach, zu Serienprodukten; wenn für die Zusendung des Serienproduktes gezahlt wird, ist das Ereignis eine Ware.
8. Wenn es erst in seiner Reproduktionsform, also als Bild sozial wichtig wird, ist der Unterschied zwischen Sein und Schein, zwischen Wirklichkeit und Bild aufgehoben.
9. Wenn das Ereignis in seiner Reproduktionsform sozial wichtiger wird als in seiner Originalform, dann muss das Original sich nach seiner Reproduktion richten, das Ereignis also zur bloßen Matrize ihrer Reproduktion werden.
10. Wenn die dominierende Welterfahrung sich von solchen Serienprodukten nährt, dann ist (sofern man unter „Welt“ noch dasjenige versteht, *worin* wir sind) der Begriff „Welt“ abgeschafft, die Welt verspielt und die durch die Sendungen hergestellte Haltung des Menschen „idealistisch“ gemacht. –

Erste Sendung des Deutschen Fernsehens am 25. Dezember 1952 (Übertragung des Fußballspiels St. Pauli gegen Hamborn)

Günther Anders

Das Phantom (1956)

Normal ist heute die Simultan-Lieferung völlig disparater Elemente; nicht nur der sachlich, sondern auch der stimmungsmäßig disparaten; nicht nur der stimmungsmäßig, sondern auch der niveaumäßig disparaten: *Niemand findet heute etwas dabei, beim Frühstücken im Cartoon zu erleben, wie dem Dschungelmädchen das Messer zwischen die sexüberwölbten Rippen gestoßen wird, während ihm gleichzeitig die Triolen der Mondscheinsonate in sein Ohr tröpfeln.* Und niemandem bereitet es Schwierigkeiten, beides zugleich aufzunehmen. – Noch vor kurzem hatte die akademische Psychologie die Möglichkeit solchen Simultan-Konsums zweier völlig disparater Inhalte und Stimmungen bestritten. Das heute in jedem Augenblicke millionenhaft feststellbare Faktum scheint die Möglichkeit ja immerhin wahrscheinlich zu machen.

Bis heute hatte die Kulturkritik die Zerstörung des Menschen ausschließlich in dessen Standardisierung gesehen; also darin, dass dem, in ein Serienwesen verwandelten, Individuum eine nur noch numerische Individualität übrig gelassen wird. Selbst diese numerische Individualität ist nun also verspielt; der numerische Rest ist selbst noch einmal *„dividiert“, das Individuum in ein „Divisum“ verwandelt*, in eine Mehrzahl von Funktionen zerlegt. Weiter kann offenbar die Zerstörung des Menschen nicht gehen; inhumaner kann offenbar der Mensch nicht werden.

Neil Postman

Der Einfluss der Medien auf die Urteilsbildung (1985)

Wir gehören heute einer Kultur an, deren Informationen, deren Ideen und deren Epistemologie vom Fernsehen und nicht vom gedruckten Wort geformt werden. Gewiss, es gibt noch Leser und es werden zahlreiche Bücher veröffentlicht, doch man bedient sich des Gedruckten und des Lesens nicht auf die gleiche Weise wie früher – nicht einmal in den Schulen, die man für die letzten Bastionen des gedruckten Wortes gehalten hat. Wer glaubt, Fernsehen und Buchdruck könnten nebeneinander bestehen, der täuscht sich, denn Koexistenz setzt ein Gleichgewicht der Kräfte voraus. Hier aber gibt es kein Kräftegleichgewicht. Der Buchdruck ist heute nur noch eine Restepistemologie, und er wird es bleiben, bis zu einem gewissen Grad gestützt vom Computer sowie von Zeitungen und Zeitschriften, die freilich der Fernsehmattscheibe immer ähnlicher werden. […]

Ich behaupte, dass eine auf dem Fernsehen beruhende Epistemologie die öffentliche Kommunikation und die sie umgebende Landschaft verschmutzt; ich behaupte nicht, dass sie alles verschmutzt.

Computer

Jean Baudrillard

Kool-Killer oder der Aufstand der Zeichen (1975)

Was die Menschen auf den Bildschirmen ihrer Textverarbeitungssysteme oder ihrer Mikrocomputer erkennen oder zu erkennen glauben, ist nichts anderes als der Prozess ihres eigenen Gehirns. Heute versucht man nicht mehr in der Leber oder in den Eingeweiden noch auch im Herzen oder im Blick eines Menschen zu lesen, sondern schlechthin in seinem Gehirn, dessen Milliarden von Verbindungen und dessen Arbeitsprozess man wie ein Videospiel beobachten möchte. Dieser ganze cerebrale und elektronische Snobismus zeugt von einer überaus gekünstelten Denkweise und bezeichnet eine verschrumpfte, auf den obersten Auswuchs des Rückenmarks beschränkte Anthropologie. […]

Sehen Sie sich die Kinder mit ihren Computern in der Schule an: glauben Sie, sie seien etwa kontaktfreudiger und wirklichkeitsnäher geworden? Bestenfalls hat man einen integrierten Schaltkreis Kind-Maschine hergestellt. […]

Bin ich nun Mensch oder bin ich Maschine? Es gibt heute keine Antwort mehr auf diese Frage; realiter und subjektiv bin ich Mensch, virtuell und praktisch bin ich Maschine.
Wenn die Menschen – wider jede Einsicht – von genialen und schöpferischen Maschinen träumen, so weil sie an ihrer eigenen Schöpferkraft verzweifeln oder weil sie es vorziehen, sich ihrer Schöpferkraft zu entledigen, um sie erst vermittelt durch Maschinen auszuüben und zu genießen. Denn was diese Maschinen bieten, ist zuvörderst das Schauspiel des Denkens, und im Umgang mit ihnen frönen die Menschen lieber dem Schauspiel des Denkens als dem Denken selber. Nicht umsonst nennen wir sie virtuelle Maschinen: Denn sie halten das Denken auf immer in der Schwebe im hypothetischen Anspruch auf ein totales Wissen. Der Akt des Denkens ist dabei ins Endlose hinausgezögert. Die künftigen Generationen werden die Frage nach dem Denken so wenig wie die nach der Freiheit stellen: Sie werden, gleichsam an ihren Sitzen festgeschnallt, das Leben wie einen Luftraum durchqueren. Ebenso werden die Menschen der künstlichen Intelligenz, mit ihrem Computer verbunden, ihren Gedanken-Raum durchmessen. Der virtuelle Mensch, reglos vor seinem Computer, macht Liebe via Bildschirm und seine Vorlesungen per Telekonferenz. [...]
Heute leben wir im Imaginären des Bildschirms, des Interface und der Vervielfältigung, der Kommutation und Vernetzung. Alle unsere Maschinen sind Bildschirme, wir selbst sind Bildschirme geworden und das Verhältnis der Menschen zueinander ist das von Bildschirmen geworden.

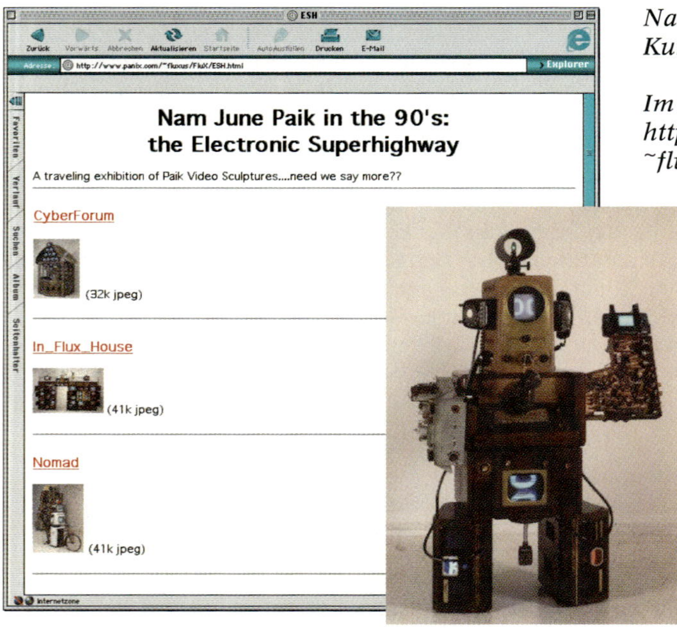

Nam June Paik,
Kunst im Netz, 2002.

Im Internet zu finden unter: http://www.panix.com/~fluxus/FluX/ESH.html

Dort finden sich eine Reihe von Videoskulpturen des Künstlers, hier vergrößert dargestellt: HackerNewbie.

Miriam Meckel
Schleusen in Digitalien (1996)

Das große Modethema dieses Jahrzehnts heißt Multimedia. Überall ist die Rede von Online-Diensten, von interaktiver Mediennutzung, von den Ersatzwelten des Cyberspace – vor allem aber von den Entwicklungen, die uns im digitalen Zeitalter bevorstehen: Informationsüberflutung, Vereinsamung vor dem Bildschirm, Anarchie im Internet. Es geht um ein Chaos an Information und Desinformation, nicht nur im weltweiten Netz selbst, sondern auch in dem, was darüber gesprochen und geschrieben wird. [...]
Der Bürger steht fassungslos vor dem Overkill durch Informationen und findet sich nicht mehr zurecht, weil ihm niemand sagt, wo es

im Netz langgeht. Und damit sind wir beim Journalismus. Die Auswahl, Aufarbeitung und Bereitstellung von Informationen sind in unserer Gesellschaft die Aufgaben des Journalismus. Dieser soll Informationen selektieren und daraus Wirklichkeitsmodelle formulieren, die das kommunikative Zusammenleben in der Gemeinschaft ermöglichen. Die öffentliche Bereitstellung dieser Informationen erfolgt durch Zeitungen, Zeitschriften, Hörfunk und Fernsehen. […]

Das Publizieren von Mensch zu Mensch wird drastisch zunehmen. Wozu braucht man noch Journalisten, wenn jeder sich seine Informationen selbst besorgen kann – direkt aus dem Netz, zu allen nur möglichen Themen und aus allen Teilen der Welt? Ein Blick auf die unzähligen Diskussionsforen im Internet zeigt zumindest, dass viele Menschen inzwischen über das Netz miteinander kommunizieren – auch zu politischen Themen – und dabei die Dienste der professionellen Informationsauswähler nicht mehr in Anspruch nehmen. […] Es gibt keine Kontrollinstanz, jeder kann sich in die Diskussion einklinken und jede Meinung vertreten – das ist gerade das Reizvolle am Internet, aber auch das Problem. Denn wo es einen hohen Freiheitsgrad gibt, da wächst auch das Potenzial für seinen Missbrauch. […]

Informationen können im Netz nicht nur beliebig gesucht, sondern auch beliebig zerstückelt oder kombiniert werden, so lange, bis sie mit der Ausgangsinformation oder den zugrunde liegenden Ereignissen nur noch wenig zu tun haben. Nicht nur die Informationsfülle kann bei den Selbstversorgern in Sachen Information also Orientierungsschwierigkeiten hervorbringen, sondern vor allem auch fehlende Nachvollziehbarkeit und Kontrolle.

ARBEITSANREGUNGEN

1. Welche gemeinsamen Strukturen weisen die Medienkritiken aus den verschiedenen Jahrhunderten auf, die auf den Seiten 62–71 zusammengestellt sind?
2. a) Welche Argumentationen erscheinen Ihnen im historischen Kontext nachvollziehbar und welchen unterliegen möglicherweise versteckte Interessen?
   b) Stellen Sie einzelne Argumentationen aus der Sicht ihrer historischen Vertreter als plausibel dar, indem Sie weitere Argumente sammeln und Sie im Rollenspiel (z. B. als Interview, Talkshow) präsentieren.
   c) Trifft Ihrer Meinung nach die Befürchtung zu, dass einzelne neue Medien die alten ablösen?
3. Ergeben sich in einzelnen Medienkritiken Parallelen zu Aspekten der Sprachkrise um 1900?
4. a) Inwiefern kann man bei den einzelnen Medien von einer Konstruktion der Wirklichkeit sprechen?
   b) Trifft die Aussage „Das Medium ist die Botschaft“ des Medienwissenschaftlers Marshall McLuhan Ihrer Meinung nach zu?
5. a) Sammeln Sie in den einzelnen Texten und Bildern Hinweise darauf, dass der Mensch im Umgang mit neuen Medien sein Wahrnehmen und Denken, sein Selbst verliere.
   b) Diskutieren Sie die Befürchtungen der Autoren vor dem Hintergrund Ihrer eigenen Erfahrungen im Umgang mit Medien.
6. Wie schätzen Sie heute die „Bedrohung“ der Kultur durch Computer und Multimedia ein? Führen Sie in Ihrem Kurs eine Diskussion dazu durch.
7. Diskutieren Sie den Satz von Erich Fried: „Wer will, dass die Welt so bleibt, wie sie ist, der will nicht, dass sie bleibt.“

C Sprache im Internet: :-) oder ;-(?

1 Sprache und Sein im virtuellen Raum

Der Computer wird mehr und mehr zum interaktiven Medium, das die Ein-Weg-Kommunikation anderer Medien wie z. B. des Fernsehens aufhebt. Vor allem Chats, Newsgroups und E-Mails im virtuellen Raum erlauben die Teilnahme an einer weltweiten Kommunikation zu einer Vielfalt an Themen auf unterschiedlichen Niveaus und in unterschiedlichsten Formen (z. B. themenorientiert oder offen, geschlossener oder offener Teilnehmerkreis, mit oder ohne strukturierenden und kontrollierenden Moderator). Diese neue Form der Kommunikation bildet eine Art „Gegen-Öffentlichkeit" mit Artikulationsmöglichkeiten, die von den etablierten Organen öffentlicher Kommunikation (TV, Presse, Radio) nicht gegeben werden. Das Internet, welches nach Schätzungen zu Beginn des dritten Jahrtausends mindestens dreihundert Millionen Benutzer und Benutzerinnen hat, scheint den anderen Medien zunehmend den Rang abzulaufen.

» Was wir in der Welt herumschicken, sei es als Bits oder als Buchstaben in einem Buch oder einer Zeitung, sind Daten. Sie werden erst durch Interpretation zu einer Information, und diese hängt vom Empfänger ab. «

Joseph Weizenbaum, Computerwissenschaftler

» Du kannst alles sein, was du willst. Wenn du möchtest, kannst du dich völlig umkrempeln. Du kannst ein anderes Geschlecht annehmen, mehr reden, weniger reden. Egal. Wirklich, du kannst der sein, der du sein möchtest, der zu sein du schaffst. Du brauchst dich nicht darum zu kümmern, in was für Schubladen die Leute dich sonst stecken. […] Sie schauen dir nicht auf den Körper und ziehen Rückschlüsse. Sie hören nicht auf deinen Akzent und ziehen Rückschlüsse. Alles, was sie sehen, sind deine Worte! «

Aus einer Befragung der Soziologin und Medienforscherin Sherry Turkle von Jugendlichen über Chatrooms im Internet

Chatten macht Spaß –

Verkommt die deutsche Sprache durch den Cyberslang?

VON PETER SCHLOBINSKI

ZEIT: Ist mit dem Ersatz des Briefes durch die E-Mail nicht eine ganze Kommunikationskultur verloren gegangen?

SCHLOBINSKI: Das ist eine oft behauptete, unbewiesene Hypothese, die ich für falsch halte. Bei den Jugendlichen, die ich selber untersucht habe, hat sich gezeigt, dass insbesondere die Mädchen auch sehr viel geschrieben haben – Postkarten und Briefe. Wobei bestimmte Merkmale wie der Smiley dann auch auf Postkarten wieder auftauchen.

ZEIT: Da bleibt nicht die sprachliche Ausdruckskraft auf der Strecke?

SCHLOBINSKI: Private E-Mails haben teilweise den gleichen Duktus, den gleichen Stil wie ein persönlicher Brief. Nur weil man ein formelles Medium hat und einen Computer benutzt, wird die Kommunikation nicht schlechter.

ZEIT: Gilt das auch für die Chats im Internet?

SCHLOBINSKI: Da haben wir eine Hybridisierung zwischen geschriebener und gesprochener Sprache. Schrift hat hier zum ersten Mal nicht mehr die Funktion zu archivieren, sondern synchron zu kommunizieren. Das schlägt sich auch sprachlich nieder. Die Kleinschreibung beschleunigt das Tippen. Wir haben Abkürzungen wie *g* für Grinsen oder *LOL* für laughing out loud, informationskomprimierende Strukturen wie „dichbeneid" oder „dumiraufdengeistgeh". Diese haben sich historisch aus der Comicsprache entwickelt. Das heißt aber nicht, dass wir in den Chats nur Comicsprache finden. Wir haben auch dialektale Merkmale, Merkmale aus der Umgangssprache, teilweise eine etwas reduzierte Syntax. Ein ziemlich komplexes Register.

ZEIT: Führen E-Mail und Chatten womöglich sogar zu einer Renaissance des schriftlichen Ausdrucks?

SCHLOBINSKI: Das ist eine interessante Hypothese, die man untersuchen sollte. In der Tat entsteht hier eine neue Form der Schriftlichkeit. Mich erinnert das an die Dialektdiskussion: Es gibt verschiedene Register, und diejenigen, die diese verschiedenen Register ziehen können, sind kommunikativ im Vorteil. Chatten im Internet führt nicht zur Depravation. […] Dass hier die deutsche Sprache zerstört würde, ist blanker Unsinn.

ZEIT: Also kein Bedarf für ein Sprachenschutzgesetz?

SCHLOBINSKI: Nein, wir hatten schon die Rechtschreibreform, das reicht jetzt erst mal an Regelungsmaßnahmen.

ZEIT: Die Angst vor einer Internet-Sondersprache ist unbegründet?

SCHLOBINSKI: In Büchern mit Einführungen zu Internet und E-Mail findet man oft auch einige Seiten zur Sprache im Internet. Da gibt es Listen von Smileys und 150 Abkürzungen, und es wird behauptet, es gäbe eine Sondersprache des Internets. Aus sprachwissenschaftlicher Perspektive finden wir dort aber nur eine ganz normale sprachliche Variation, wie es sie in der wirklichen Welt überall gibt. Mit meiner Tochter rede ich ja auch anders als im Seminar. Wer Comics liest, fängt ja deshalb nicht an, nur noch in Comicsprache zu reden. So einfach ist das nicht. Wir verfügen alle über eine sehr komplexe Sprache. Das war immer so, und das wird auch immer so sein.

ZEIT: Macht Ihnen das Chatten eigentlich Spaß?

SCHLOBINSKI: Erst mal war das wissenschaftlich interessant. Aber es hat mir auch Spaß gemacht. Man chattet ja unter Pseudonym. Da hat meine Tochter erst eine Stunde gechattet, und dann hab ich mich rangesetzt und unter ihrem Pseudonym weitergechattet. Ich war also plötzlich in der Rolle einer 15-Jährigen. Das war hochinteressant. Ich habe dann verschiedene Rollen durchprobiert – mal als chinesischer Student, mal als Yasmina, da reagieren sofort die männlichen Pseudonyme. Da gibt es Doppelagenten: Frauen, die vorgeben, Männer zu sein, die vorgeben, Frauen zu sein; man hat beliebige Spielmöglichkeiten. Und einmal habe ich mich auch als Professor aus Hannover vorgestellt, aber das hat mir keiner geglaubt. Da hieß es dann: „Haha, Schweine können fliegen."

Die Zeit, 22. 3. 2001

Wolfgang Frühwald

Vor uns die Cyber-Sintflut (1996)

Im Beziehungsgeflecht der Datennetze schrumpfen Zeit und Raum, ist der fernste Nachbar vielleicht der nächste, weil nur der Experte in Neuseeland die richtige Antwort auf meine im Internet gestellte Frage weiß. Das richtige, gar das stilistisch schöne Schreiben wird dabei unwillkürlich eine Kunst von gestern, weil es nicht auf Stil und Lektüre, sondern auf rasche Information ankommt. Sprache und Schrift verlieren ihre bisher dominierende Kraft an die perfekte, an europäische Kulturgewohnheiten keineswegs gebundene Beherrschung der technischen Medien. […] Der neue Turm (Verf.: Anspielung auf die Sprachverwirrung beim Turmbau von Babel) – und das ist eine fast romantische Geschichte – führt in die Zeit vor der Sprachverwirrung zurück, zur Einheitssprache, zur nivellierten Weltkultur […].

ARBEITSANREGUNGEN

1. a) Tauschen Sie sich über Ihre Online-Kommunikationserfahrungen aus!
   b) Welche Eigenschaft muss Sprache haben, sodass ein relativ einfacher Zugang im Netz möglich ist?
2. In welchem Verhältnis stehen bei der im Internet geführten Kommunikation Ihrer Meinung nach Schein und Sein, Lüge und Wahrheit, Realität und Abbild?

2 Newsgroups, E-Mails und Chats: Sprache als digitales Medium

Die Gesprächsformen E-Mail, Newsgroup und Chat unterscheiden sich hinsichtlich Synchronität bzw. Asynchronität des Austauschs sowie der Anonymität bzw. Bekanntheit von Sender und Empfänger. Neben international organisierten E-Mail-Partnerschaften (wie z. B. *http://www.tak.schule.de/*) sind Newsgroups sehr beliebt; sie dienen dem Informationsaustausch, der Veröffentlichung und der schriftlichen Diskussion bestimmter Themen (Tipps zum Thema Literatur und Sprache, z. B.: *http://www.literaturcafe.de* oder im Usenet: *news:de.etc.sprache.deutsch*).
Das Kommunizieren über Computer zwingt zu Kürze und Schnelligkeit, was sich verändernd auf die Sprache auswirkt (z. B. Stilmix von Schriftlichkeit und Mündlichkeit). Während man im traditionellen Briefverkehr meist sehr genau auf formale Regeln achtet, herrscht online – zumindest im privaten Bereich – eine große Fehlertoleranz. Manche Sprachforscher sehen hier sogar den Beginn eines Sprachwandels.

ARBEITSANREGUNGEN

1. Untersuchen und reflektieren Sie Ihren Umgang mit Sprache in der Kommunikation mittels E-Mail und Newsgroup (z. B. Informationsgehalt, Stilelemente, Länge und Gestaltung).
2. Welche Elemente der Schriftlichkeit und der Mündlichkeit enthält die Online-Sprache? In welchem Verhältnis steht beides zueinander?

Chatauszug (webchat: 10. 7. 2001, 21.13–21.15 Uhr)

LOGIN: ma reinschaut und artig tach sagt
ZANGADANG: trixi: Sprache? wasn dasn??
ALANNA: wasn das @ trixi ? ;o)
ALANNA: lol zan
ZANGADANG: g@ala
ERDMAENNCHEN: grüsst Trixi
ALANNA: nabend logi.
LADYNAVIDA: hal login!!!!!
GEEZMO: EH BIENE HAB DICH WAS GEFRAGT!!!
RAISTILIN: geezmo lass das großschreiben, gell!?
LADYNAVIDA: och geezmo :(
BUEROMAUS22: hmmmm.....
TRIXI: Wie stehts hier mit der Sprache?
ERDMAENNCHEN: gizmo: nich schrein :-(((
ELODEA: geezmo: das ist die letzte warnung. schreib bitte klein und guck mal in die chattiquette!
LITTLEARES: gg räusper
ALANNA: bescheiden @ trixi. hier jedenfalls. reicht das?
GEEZMO: is ja jut! Na LadyNavida, wie iset?
LADYNAVIDA: Es geht so, danke und dir?
TRIXI: Ich verstehe nicht, wie ihr sprecht ...
4U: h@i @ @ll
ZANGADANG: tac 4U
GEEZMO: Wie alt bist du denn?
ZANGADANG: ähm, trix, worum gehtsn?
GEEZMO: trixxi, *hea*
TRIXI: Jetzt quatsch nicht immer dazwischen!

LadyNavida: 18 und du?
Erdmaennchen: @trixi %-(?
Zangadang: gg
Geezmo: Ich auch, trifft sich ja gut.
Trixi: Ich will wissen, wie ihr schreibt!!
LittleArres: gg @ Ala und nix dazu sagt
WasserElfe: moin alle
Alanna: … was möchtest du denn hören, trixi?
Bueromaus22: call
Ganja-boy: Wasserelfe wie alt?
Alanna: Ganja-boy: du bist im falschen Channel, geh bitte nach sonstwohin ;(
4U: wunderz d@$ @lle d@$ H@I über$ehen h@m
Geezmo: Cool, ich komme aus leipzig und bin in 11 Tagen in berlin.
WasserElfe: 31
Alanna: …huhu WELFE !
Zangadang: 4U prost ärd gg
Geezmo: zur loveparade
WasserElfe: Hi Alanna (c;
Alanna: oops
Kl-hexe: oh je ich glaub ich muss noch viel lernen bis ich hier durchblicke
LadyNavida: Ah ja, naja die is ja nicht so spannend!
Alanna: lol
WasserElfe: (((c;
Alanna *flüstert:* Lektion eins: Flüstern. Du tippst /w [nickname] [text]
Geezmo: Wie jetzt in leipzig oder auf der loveparade?
Vampier13: Hallo???
4U: m@l mit löffel die türe $ichert
Kl-hexe: ok —danke ,echt lieb
LadyNavida: auf der LoveParade geezmo
4U: is j@ ein reinund r@u$ hier …
Trixi: Alanna: und dann???
Geezmo: Wie oft warst du denn schon dort?
LadyNavida: nichts zu danken :o) ich weiß noch wie ich das erste Mal hier ;o)
Alanna *flüstert*: Zweitens: Smileys. Mach, was du willst, solange es augen : hat ;o)
LadyNavida: 1 x das erste und letzte Mal, schätze ich!
Kl-hexe: .-)
Trixi: Alanna: Was heißt flüstern??
Alanna *flüstert:* Drittens: gg = grinsen. Je mehr g's desto breiter. fg = frech grinsen
-BLADE-: der Daywalker betritt den raum!
Vampier13 : Ich warte!!
Erdmaennchen: sich mal umschautz
Alanna *flüstert:* ich meine flüstern. das was ich hier tue. das kannst nur du lesen.
WasserElfe: geht mal gucken ob ihr carport noch steht
Zangadang: trixi: ganz leise schreiben
Geezmo: Wieso das denn? pantherin reintapsert und alle begrüsst
Alanna: gg zan
Zangadang: tac pan
Erdmaennchen: Welfe: hast du überhaupt nen Auto? :-)
Vampier13: Hallo??
LadyNavida: Ich kann solche Massenveranstaltungen nicht leiden, was habe ich davon?
WasserElfe: welfe hat zwei autos ein motorrad sechs fahrräder zwei roller und fünf paar scates
-BLADE-: tirix flüstern ist das, wenn du /f nick eingibst, so kannst du nen text schreiben und zu deinen Chatpartner senden ohne das einer das Lest

vampier13: Hallo??
WasserElfe: ach und nen anhänger fürs auto: grinsel
Erdmaennchen: aha@Welfe....mehr nicht? :-)
Sleizers: und welches davon fährst du?
Geezmo: Na is ansichtsache. Ich fahr zum ersten mal
WasserElfe: ((((c;
SexyLilli: hallo
Sleizers: achwas....
LittleAres: grüüübelz, upps ???
vampier13: Ich warte!!
Erdmaennchen: lolz@Ares
Zangadang: geezmo: wenn du die musik magst, ist die parade vermutlich was für dich
vampier13: Hallo!!!???
Geezmo: is egal. Was machst du denn so n ganzen tag?
Snuckael: pling macht und snuck anlächelt und zwar ehrlich ;-)
Geezmo: genießt wohl die ferien?
vampier13: Schreib mir jetzt!!Ich warte!!
WasserElfe: verflüstert sich mal ausm chat
Zangadang: geezmo: hast du infos/websites zur parade, oder brauchst du noch tips?
Amalia24 : huhu zusammen
Amalia24: hi alanna
Geezmo: nö lass mal.
Erdmaennchen: cu Welfe
Sleizers: huhu ama
LadyNavida: Hallo Ama!
Zangadang: tac ama
Erdmaennchen: grüsst Ama
Amalia24: hi lana
Zangadang: gee: oki :-)
kl-hexe: ladynavida wie kann ich denn meine schriftart verändern ?
Amalia24: hi sleizers

ARBEITSANREGUNGEN FÜR PROJEKTORIENTIERTES ARBEITEN

1. a) Untersuchen Sie Gesprächsthemen und Gesprächsstränge in dem Chat-Auszug (Seite 74 – 76). Lassen sich Prinzipien/Strukturen erkennen (z. B. Schreiber-Wechsel, Auswirkungen von Anonymität oder Bekanntheit, Beherrschung des Sprachcodes)?
   b) Durch welche grammatikalischen Eigenheiten zeichnet sich die Online-Sprache aus?
2. Wodurch werden Elemente der mündlichen Kommunikation im synchronen Online-Gespräch kompensiert?
3. Nutzen Sie die vielfältigen Möglichkeiten des Chattens mit anderen Schülerinnen und Schülern z. B. unter **http://chat.schulweb.de**, **http://www.webchat.de** oder **http://www.maraba.de** (Thema: Literatur).
4. Worin liegt Ihrer Meinung nach das Reizvolle daran, in der Anonymität zu chatten?
5. a) Untersuchen Sie einzelne Nicknames im Chatgespräch: Welche Assoziationen wecken sie?
   b) Lassen sich trotz der Bedingungen des Chats (Virtualität, Identitätsveränderungen, Schnelligkeit) Hinweise auf soziale Stellung, Geschlecht der Chatter etc. finden?
6. „To chat“ (engl.) bedeutet „plaudern, schwatzen“. Halten Sie den Begriff für angemessen?
7. Diskutieren Sie, ob das Chatten eher ein kreativer Prozess ist oder ob Sie es für eine Verarmung der Sprache halten.
8. Was können Sie über die „Chatiquette“ im Internet erfahren?
9. a) Entwickeln Sie Rollenprofile und Nicknames für ein Chatgespräch.
   b) Spielen Sie ein Chatgespräch mit verteilten Rollen als Spielszene nach.

Chat mit Eliza, einer Maschine?

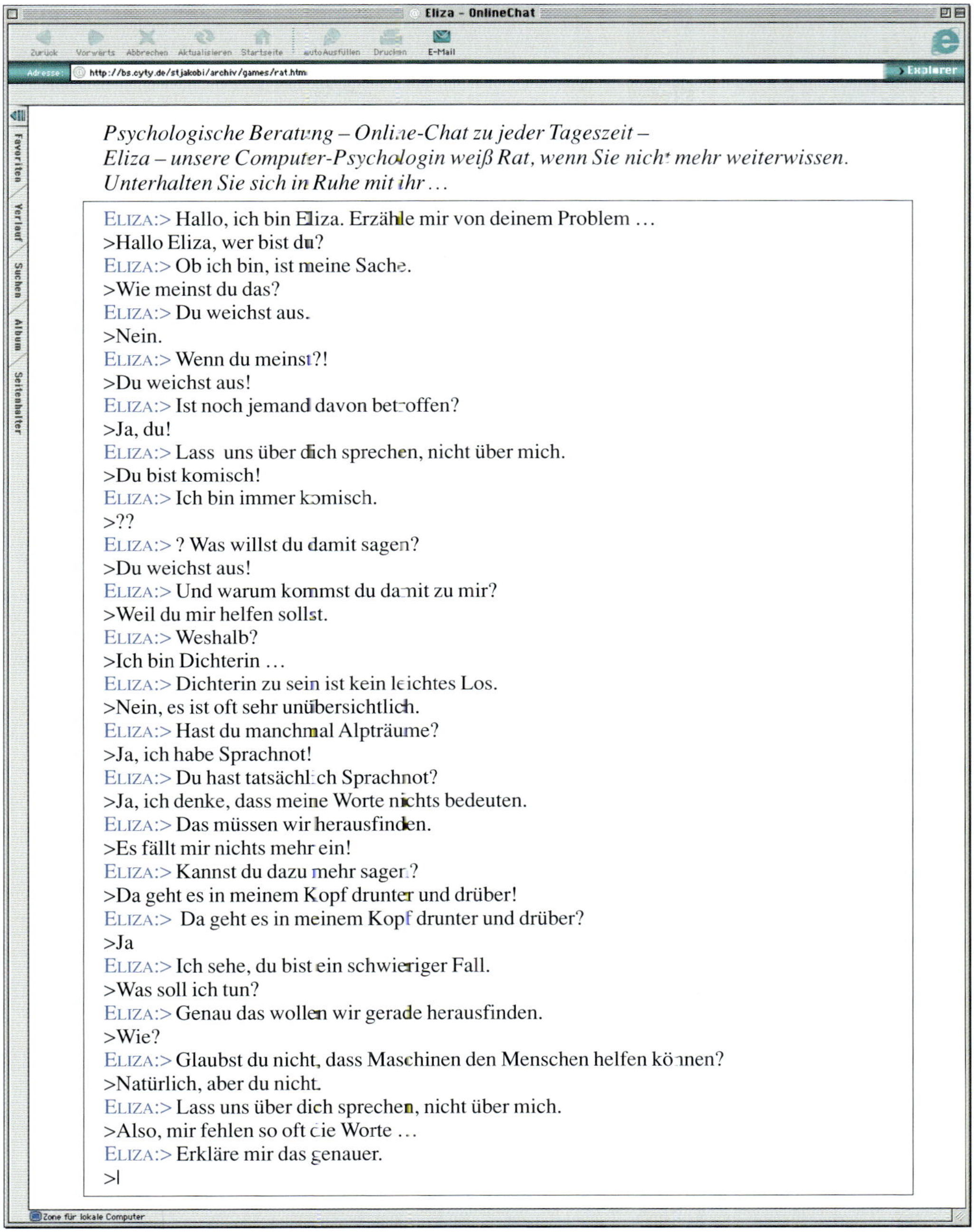

Psychologische Beratung – Online-Chat zu jeder Tageszeit –
Eliza – unsere Computer-Psychologin weiß Rat, wenn Sie nicht mehr weiterwissen.
Unterhalten Sie sich in Ruhe mit ihr …

ELIZA:> Hallo, ich bin Eliza. Erzähle mir von deinem Problem …
>Hallo Eliza, wer bist du?
ELIZA:> Ob ich bin, ist meine Sache.
>Wie meinst du das?
ELIZA:> Du weichst aus.
>Nein.
ELIZA:> Wenn du meinst?!
>Du weichst aus!
ELIZA:> Ist noch jemand davon betroffen?
>Ja, du!
ELIZA:> Lass uns über dich sprechen, nicht über mich.
>Du bist komisch!
ELIZA:> Ich bin immer komisch.
>??
ELIZA:> ? Was willst du damit sagen?
>Du weichst aus!
ELIZA:> Und warum kommst du damit zu mir?
>Weil du mir helfen sollst.
ELIZA:> Weshalb?
>Ich bin Dichterin …
ELIZA:> Dichterin zu sein ist kein leichtes Los.
>Nein, es ist oft sehr unübersichtlich.
ELIZA:> Hast du manchmal Alpträume?
>Ja, ich habe Sprachnot!
ELIZA:> Du hast tatsächlich Sprachnot?
>Ja, ich denke, dass meine Worte nichts bedeuten.
ELIZA:> Das müssen wir herausfinden.
>Es fällt mir nichts mehr ein!
ELIZA:> Kannst du dazu mehr sagen?
>Da geht es in meinem Kopf drunter und drüber!
ELIZA:> Da geht es in meinem Kopf drunter und drüber?
>Ja
ELIZA:> Ich sehe, du bist ein schwieriger Fall.
>Was soll ich tun?
ELIZA:> Genau das wollen wir gerade herausfinden.
>Wie?
ELIZA:> Glaubst du nicht, dass Maschinen den Menschen helfen können?
>Natürlich, aber du nicht.
ELIZA:> Lass uns über dich sprechen, nicht über mich.
>Also, mir fehlen so oft die Worte …
ELIZA:> Erkläre mir das genauer.
>|

ARBEITSANREGUNGEN

1. Welche Gesprächsstrategien setzt die Chat-Partnerin Eliza ein?
2. Chatten Sie mit Eliza (Adresse im Kopf oder über Suchbegriffe wie „Eliza + Beratung“) und überlegen Sie, an welchen Stellen sie menschliche Züge aufweist und woran deutlich wird, dass sie eine Maschine ist!

3 Vorschläge für Projekte und Facharbeiten

PROJEKTVORSCHLAG

Planen und organisieren Sie einen „Medien-Abend“, z. B. zum Thema
- „Vom Wort zum Bild – vom Bild zum Wort“
- „Stillstand und Bewegung“

ANREGUNGEN
- Medien-Café: Diskussionen zwischen Schriftstellern, Philosophen, Filmemachern, Internet-Surfern, Medienkritikern (als Rollenspiel), z. B. über
  - Sprachnot und Sprachkrise
  - Sinn und Zweck neuer Medien („Kulturverfall“ oder „Kulturfortschritt“?)
  - Zusammenhang von Gedächtnis, Sprache und Computer
- Vorführung von kommentierten und mit Musik unterlegten Stummfilmen
- szenische Darstellung eines Chats als Bühnenstück

VORSCHLÄGE FÜR FACHARBEITEN
- „Unwörter“ des Jahres (seit 1991)
- Das Wechselverhältnis von Film und Literatur des frühen Kinos, untersucht anhand ausgewählter Text- und Filmbeispiele (z. B. „Kinostil“ in der Literatur, literarischer Film)
- Frühe Literaturverfilmungen eines Autors (z. B. Arthur Schnitzler): Analyse der Filmsprache ausgewählter Szenen im Vergleich zu den entsprechenden Textpassagen
- Die abgedruckten Texte zur Medienkritik (Kapitel B 3.4, Seite 62–71) spiegeln überwiegend die Befürchtungen, die mit dem Aufkommen neuer Medien einhergingen.
  Recherchieren und bewerten Sie positive zeitgenössische Reaktionen auf ausgewählte Medien.

Index

Textquellenverzeichnis

Anders, Günther: Die ins Haus gelieferte Welt, S. 68, aus: Ders., Die Antiquiertheit des Menschen. München, 5. A. 1980
Anders, Günther: Das Phantom, S. 69, aus: Ders., Die Antiquiertheit des Menschen. München, 5. A. 1980
Baudrillard, Jean: Kool-Killer oder der Aufstand der Zeichen, S. 69 f., aus: Ders., Aisthesis. S. 255 ff.
Baum, Oskar: Gespenster, S. 43, aus: Max Brod: Der Prager Kreis. Suhrkamp, Frankfurt, 1979, S. 147 (= suhrkamp taschenbuch 547)
Benjamin, Walter: Das Kunstwerk im Zeitalter seiner technischen Reproduzierbarkeit, S. 66 f., aus: Ders., Das Kunstwerk im Zeitalter seiner technischen Reproduzierbarkeit. Suhrkamp, Frankfurt, 1963, S. 12 ff.
Bruns, Max: Kino und Buchhandel, S. 57, zit.n.: Anton Kaes (Hg.): Kino-Debatte. dtv, München, 1978, S. 85 f.
Burckhard, Max: Anders will er …, S. 11 aus: Ders., Modern, aus: Wunberg, Gotthard (Hg.): Die Wiener Moderne. Literatur, Kunst und Musik zwischen 1890 und 1910. Reclam, Stuttgart, 1981, S. 275
Coupland, Douglas: Sonnenaufgang, S. 30 f., aus: Ders., Generation X. Geschichten für eine immer schneller werdende Kultur. Aufbau, Berlin/Weimar, 2. A. 1994, S. 17 f.
Czaschka, Jürgen: Zum Stich, S. 7, aus: Ders., Brief an Ulrike Ladnar vom 28.9.2000
de Saussure, Ferdinand: Wir sagen Mensch …, S. 9, aus: Ders., Grundfragen der allgemeinen Sprachwissenschaft. de Gruyter, Berlin, 1967, S. 87
Döblin, Alfred: Das Theater der kleinen Leute, S. 54, zit. n.: Kaes, Anton: Kino-Debatte. dtv, München, 1978, S. 37 f.
Döblin, Alfred: Literatur und Rundfunk, S. 67, zit. n.: Dahl, Peter: Radio. rororo, Reinbek, 1983, S. 110 f.
Döhl, Reinhard: Apfel, S. 6, aus: Neis, Edgar: Struktur und Thematik der klassischen und der modernen Lyrik. Verlag Schöningh, Paderborn, 1986, S.55
Eluard, Paul: Das Wort, S. 44, aus: Weyrauch, Wolfgang: Ein Gedicht – was ist denn das? Schroedel, Hannover, 1980, S. 24
Ewers, Hanns Heinz: Der Film und ich, S. 60, zit. n.: Anton Kaes (Hg.): Kino-Debatte. dtv, München, S. 103 f.
Frühwald, Wolfgang: Vor uns die Cyber-Sintflut, S. 73. In: ZEIT-Punkte, H 5/1996, Zeit-Verlag Gerd Bucerius, Hamburg, S. 8 ff.
Gaarder, Jostein: Papa fliegt, S. 3 f.; aus: Ders., Sofies Welt. Carl Hanser, München/Wien, 1993, S. 25 f.
George, Stefan: Das Wort, S. 41, aus: Stefan George-Stiftung (Hg.): Sämtliche Werke in 18 Bänden. Bd 9: Das Neue Reich. Bearb. v. Ute Oelmann, Klett-Cotta, Stuttgart 2001
Goll, Yvan: Das Kinodram, S. 55, Erstveröffentlichung in: Die neue Schaubühne, Dresden, Jg. 2/1920, S. 141–143. Alle Rechte bei und vorbehalten durch Wallstein Verlag, Göttingen
Gorkij, Maxim: Über „L'arrivée d'un train' der Brüder Lumière, S. 47, zit. n. Martin Loiperdinger: Ankunft des Zugs. Gründungsmythos eines neuen Mediums. In: Kintop Nr. 5, S. 37–70
Hauptmann, Gerhard: Über das Kino, S. 53, zit. n.: Kaes, Anton (Hg.): Kino-Debatte. dtv, München, 1978, S. 159 f.
Hauptmann, Gerhard: Flüchtige Spiegelbilder, S. 66. zit. n.: Freund, Gisèle: Photographie und Gesellschaft. Zweitausendeins, München, 1976, S. 82
Heine, Heinrich: Steht ein Baum …, S. 5, aus: Kaufmann, Hans (Hg.): Sämtliche Werke, Bd. I. Kindler, München, 1964 S. 236
Hesse, Hermann: Der Steppenwolf, S. 68 aus: Ders., Gesammelte Dichtungen, Bd. 4. Frankfurt, 1952, S. 409 f.
Hofmannsthal, Hugo von: Ein Brief (Ausschnitte), S. 23 f., aus: Ders., Gesammelte Werke. Erzählungen. Erfundene Gespräche und Brief. Reisen. Fischer, Frankfurt, 1979, S. 461–472
Hofmannsthal, Hugo von: Der Schwierige, S. 26–28, aus: Ders., Der Schwierige. Der Unbestechliche. Fischer, Frankfurt, 1958, S. 73–79
Hofmannsthal, Hugo von: Es ist das Problem …, S. 29, aus: Burgtheater Wien (Hg.): Programmbuch Nr. 78 (H. v. Hofmannsthal: Der Schwierige), Wien, 1991, S. 22
Hofmannsthal, Hugo von: Weltgeheimnis, S. 42, aus: Herbert Steiner (Hg.): Gesammelte Werke in Einzelausgaben. Gedichte und lyrische Dramen. Fischer, Frankfurt, 1952, S. 19
Hofmannsthal, Hugo von: Frage, S. 43, aus: Burgtheater Wien (Hg.): Programmbuch Nr. 78 (H. v. Hofmannsthal: Der Schwierige), Selbstverlag, Wien, 1991, S. 12
Hofmannsthal, Hugo von: Der Ersatz für die Träume, S. 46 und S. 60 f., aus: Anton Kaes (Hg.): Kino-Debatte. dtv, München, 1978, S. 149 ff.
Keller, Ursula: Sprachhypostase und Sprachskepsis, S. 10, aus: Dies., Böser Dinge hübsche Formel. Das Wien Arthur Schnitzlers. Fischer Taschenbuch, Frankfurt 2000, S. 162 ff.
Kornfeld, Theodor: Allhier …, S. 6, aus: Neis, Edgar: Struktur und Thematik der klassischen und der modernen Lyrik. Verlag Schöningh, Paderborn, 1986, S. 55
Kraus, Karl: Ich behaupte …, S. 36, aus: Ders., Die letzten Tage der Menschheit. Programmheft zur Aufführung im Südbahnhotel Semmering, Selbstverlag, Wien, 2000, zit. n. S. 15
Kraus, Karl: Die letzten Tage der Menschheit, 14. Szene S. 37–40, aus: Ders., Die letzten Tage der Menschheit Teil I. dtv, München, 5. A. 1975, S. 94–98
Lissauer, Ernst: Rundfunk, S. 67, zit. n.: Hey, Gerhard: Literatur und Rundfunk 1923–1933. Hildesheim, 1975, S. 141
Lukács, Georg: Gedanken zu einer Ästhetik des Kinos, S. 58, zit. n.: Anton Kaes (Hg.): Kino-Debatte. dtv, München, 1978, S. 112
Machado, Manuel: Der schwarze Garten, S. 42, aus: Wolfgang Asholt und Walter Fahnders (Hg.): Fin de Siècle. Reclam, Stuttgart, 1993, S. 151 f.
Mauthner, Fritz: Worte sind Götter…, S. 9, aus: Ders., Beiträge zu einer Kritik der Sprache. Bd.1. Reclam, Leipzig, 3. A. 1923, S. 167
Mauthner, Fritz: Die Sprache ist die Peitsche …, S. 34 f., aus: Ders., ebd., S. 86 f.
Meckel, Miriam: Schleusen in Digitalien, S. 70 f. In: ZEIT-Punkte, H 5/1996, Zeit-Verlag Gerd Bucerius GmbH Hamburg, S. 64 f.
Mierendorff, Carlo: Hätte ich das Kino, S. 53, S. 56, zit. n.: Kaes, Anton (Hg.): Kino-Debatte. dtv, München, 1978 S. 139 f.
Musil, Robert: Die Welt des Schreibens …, S. 9, aus: Ders., Der Mann ohne Eigenschaften. Bd I. Rowohlt, Reinbek, 1987, S. 326
Musil, Robert: Wir haben …, S. 9, aus: Ders., ebd., S. 109
Nietzsche, Friedrich: Ich fürchte …, S. 9, aus: Ders., Götzendämmerung. Aus: Schlechta, Karl (Hg.): Werke. München, 1954, Bd. 2, S. 960
Nietzsche, Friedrich: Über Wahrheit und Lüge im außermoralischen Sinn, S. 32–34, aus: Colli, Giorgio und Montinari, Mazzino (Hg.): Kritische Studienausgabe. dtv München, 1988, S. 877–881
Nietzsche, Friedrich: Das Wort, S. 41, aus: Ders., Gedichte. Insel, Leipzig, o.J., S. 21 f. (=Insel Bücherei Nr. 361)
Ohr, Heinrich: Jahrmarktskino auf der Dresdener Vogelwiese, S. 51. In: Filmkurier, 23. 6. 1937
Pinthus, Karl: Zur Eröffnung des Königspavillon-Theaters, S. 57, zit.n.: Anton Kaes (Hg.): Kino-Debatte. dtv, München, 1978, S. 72 f.
Platon: Die Unkenntnis der Maler …, S. 63, aus: Ders.: Werke in 8 Bänden. 4. Band: Der Staat. Hg.v. Gunther Eigler für die Wissenschaftliche Buchgesellschaft, Darmstadt, 1971, S. 795 ff.
Postman, Neil: Der Einfluss der Medien auf die Urteilsbildung, S. 69, aus: Ders. Wir amüsieren uns zu Tode. Fischer, Frankfurt, 1985, S. 39 ff.
Rauscher, Ulrich: Kintop, S. 50, aus: Ders., Die Welt im Film. In: Hätte ich das Kino!, Katalog zur Ausstellung: Die Schriftsteller und der Stummfilm. Deutsches Literaturarchiv des Schiller-Nationalmuseums Marbach a. N., Koesel, München, 1976, S. 29
Rilke, Rainer Maria: Menschen bei Nacht, S. 41, aus: Ders., Gesammelte Gedichte. Insel, Frankfurt, 1962, S. 148
Schlobinski, Peter: Chatten macht Spaß, S. 72 f. In: Die Zeit, 22. 3. 2001

Schnell, Ralf: Film und Literatur, S. 58f., aus: Ders., Medienästhetik. Zu Geschichte und Theorie audiovisueller Wahrnehmungsformen. © 2000 J.B. Metzlersche Verlagsbuchhandlung und Carl Ernst Poeschel GmbH in Stuttgart
Schnitzler, Arthur: Die Seele mancher Menschen …, S. 9, aus: Weiss, Robert O. (Hg.):
Aphorismen und Betrachtungen. Frankfurt, 1967, S. 53
Schnitzler, Arthur: Die Frage an das Schicksal, S. 15–19, aus: Ders., Anatol. Anatols Größenwahn. Der grüne Kakadu. Reclam, Stuttgart, 1970, S. 7–17
Schnitzler, Arthur: Der einsame Weg, S. 21f., aus: Ders., Meisterdramen. Fischer, Frankfurt, 1971, S. 228f.
Sokrates: Fremde Zeichen, S. 62, aus: Platon: Phaidros. Sämtliche Werke. Band IV. Hamburg, 1958, S. 55
Turkle, Sherry: Du kannst alles sein …, S. 72, aus: Dies., Leben im Netz. rororo, Reinbek, 1999, S. 297
Wahrig, Gerhard: Rötlich weiß blühendes Kernobst …, aus: Deutsches Wörterbuch. Lexikon, Gütersloh, 1968, Spalte 427
Werfel, Franz: Es sinkt der Tag …, S. 5, aus: Echtermeyer (Hg.): Deutsche Gedichte. Bagel, Düsseldorf, 1960, S. 649
Werfel, Franz: Der Mensch ist stumm, S. 43, zit. n.: Erich Hock (Hg.).: Motivgleiche Gedichte. Bayerische Verlagsanstalt, Bamberg/Wiesbaden, 1969, S. 69
Weizenbaum, Joseph: Was wir in der Welt …, S. 72. In: ZEIT-Punkte, H 5/1996, Zeit-Verlag Gerd Bucerius GmbH, Hamburg, S. 60
Whorf, Benjamin Lee: Sprachliche Strukturgesetze beherrschen das Denken, S. 4, aus: Ders., Sprache Denken Wirklichkeit. Rowohlt, Reinbek, 1984, S. 51f.
Wittgenstein, Ludwig: Das genaueste Bild, S. 6, aus: Ders., Vermischte Bemerkungen. Suhrkamp, Frankfurt, 1977, S. 45
Wittgenstein, Ludwig: Die Grenze der Sprache …, S. 9, aus: Ders., ebd., S. 27
Wittgenstein, Ludwig: Wenn ich sage …, S. 9, aus: Ders., ebd., S. 52
Wittgenstein, Ludwig: Ehe man ein Flugzeug hatte …, S. 9, aus: Ders., ebd., S. 84
Wittgenstein, Ludwig: In einer Konversation …, S. 9, aus: Ders., ebd., S. 141
Wittgenstein, Ludwig: Wovon man nicht …, S. 9, aus: Ders., Tractatus logico-philosophicus. Suhrkamp, Frankfurt, 1963, S. 7
Wolker, Jiri: Die Dinge, S.44, aus: Max Brod: Der Prager Kreis. Suhrkamp, Frankfurt, 1979, S. 211 (= suhrkamp taschenbuch 547)
Internet:
Chatauszug, S. 74–76, *http:// www.webchat.de*
Chat mit Eliza, S. 77, *http://bs.cyty.com/stjakobi/archiv/games/rat.htm*

Bildquellenverzeichnis

S. **6**: © VG Bild-Kunst, Bonn, 2002; S. **7**: © Jürgen Czaschka, 2002; S. **8 o.**: County Museum, Los Angeles © VG Bild-Kunst, Bonn, 2002; S. **8 u.**, **14**: © Freud Museum, London; S. **10**: © Historisches Museum der Stadt Wien; S. **11**, **35**, **36**, **37**, **38**, **66**, **67**: © bpk, Berlin; S. **13**, **32**, **45 o.**: © Schiller-Nationalmuseum Deutsches Literaturarchiv, Marbach; S. **17**, **18**, **20**: Produktion EURO-STUDIO Landgraf, Foto Pallfy; S. **22**: Sammlung Funke, Koblenz; S. **24**: Schweizerisches Institut für Kunstwissenschaft; S. **29**: Theater in der Josefsstadt, Wien; S. **31**, **71**: Jan Tomaschoff, © Cartoon-Caricature-Contor, München; S. **39**: © Südbahnhotel, Semmering; S. **41**: Staatsgalerie, Stuttgart, © artothek; S. **42**: Galerie Gmurzynska, Köln, © VG Bild-Kunst, Bonn 2002; S. **43**: Sammlung E.W: Kornfeld, © artothek; S. **44**: Staatsgalerie Stuttgart, © artothek; S. **45 li.**: © Adolph Fürstner, Berlin; S. **45 re.**: © Munch Museum/Munch-Ellingsen Group/VG Bild-Kunst, Bonn 2002 (Andersen/de Jong); S. **46**: Österreichisches Theatermuseum, Wien; S. **47 u.**, **51 re.**, **52**: Universitätsbibliothek, Köln; S. **49 o.**, **59**: pwe-Kinoarchiv, Hamburg; S. **49 u.**, **51 li.**, **54**: Deutsche Kinemathek, Berlin; S. **56**, **57**, **60**: aus: Frau Republik geht pleite – Deutsche Karikaturen der 20er Jahre, Edition Leipzig 1989; S. **59**: Tagespresse; S. **64**: akg-images/British Library; S. **65**, **68**: akg-images, Berlin; S. **70**: *www.panix.com*: travelling exhibition

Nicht in allen Fällen war es möglich, den Rechteinhaber der Abbildungen bzw. der Texte ausfindig zu machen. Berechtigte Ansprüche werden im Rahmen der üblichen Vereinbarungen abgegolten.

Redaktion: lüra – Klemt & Mues GbR, Wuppertal
Umschlaggestaltung: Knut Waisznor
Layout und technische Umsetzung: Ralf Franz, Stürtz AG Berlin

Cornelsen online http://www.cornelsen.de

1. Auflage Druck 4 3 2 1 Jahr 05 04 03 02
Alle Drucke dieser Auflage sind inhaltlich unverändert
und können im Unterricht nebeneinander verwendet werden.

Druck: CS-Druck Cornelsen Stürtz, Berlin

ISBN 3-464-60894-8

Bestellnummer 608948

Gedruckt auf säurefreiem Papier, umweltschonend hergestellt aus chlorfrei gebleichten Faserstoffen.